Wolfgang Detel
Subjektive und objektive Zeit

CHRONOI
Zeit, Zeitempfinden, Zeitordnungen
Time, Time Awareness, Time Management

—

Herausgegeben von

Eva Cancik-Kirschbaum, Christoph Markschies
und Hermann Parzinger

Im Auftrag des Einstein Center Chronoi

Band 2

Wolfgang Detel
Subjektive und objektive Zeit

—

Aristoteles und die moderne Zeit-Theorie

DE GRUYTER

Dieses Werk ist lizenziert unter der Creative Commons Attribution-NonCommercial-NoDerivatives 4.0 International License. Weitere Informationen finden Sie unter http://creativecommons.org/licenses/by-nc-nd/4.0/.

ISBN 978-3-11-070922-3
e-ISBN (PDF) 978-3-11-070988-9
e-ISBN (EPUB) 978-3-11-070992-6
ISSN 2701-1453

Library of Congress Control Number: 2020942339

Bibliografische Information der Deutschen Nationalbibliothek
Die Deutsche Nationalbibliothek verzeichnet diese Publikation in der Deutschen Nationalbibliografie; detaillierte bibliografische Daten sind im Internet über http://dnb.dnb.de abrufbar

© 2021 Wolfgang Detel, published by Walter de Gruyter GmbH, Berlin/Boston
Druck und Bindung: CPI books GmbH, Leck
www.degruyter.com

Inhalt

Einleitung —— 1

Teil I **Aristoteles und die einheitliche Theorie der Zeit**

Zeit bei Platon —— 7
Der *Received View* der Forschung zur aristotelischen Zeittheorie —— 10
Aristoteles: Bewegung, Zeit und Kontinuität —— 12
Das allgemeine Vorher und Nachher (VN-Modell) —— 16
Räumliches und kinetisches VN-Modell —— 20
Zeitintervalle und temporales VN-Modell —— 24
Zeit und Maß —— 30
Die Logik der aristotelischen Zeit-Theorie —— 32
Konklusion —— 37

Teil II **Subjektive und objektive Zeit in der modernen Zeittheorie**

Vorbemerkung —— 43
Metaphysik der Zeit —— 43
Unterscheidung zwischen subjektiver und objektiver Zeit —— 45
Psychologie der subjektiven Zeit —— 49
Die Beschreibung des Mentalen —— 59
Subjektivität und Objektivität —— 62
Probleme mit absoluter Objektivität —— 65
Probleme mit absoluter Subjektivität —— 70
Externalistische Semantik —— 73
Subjektive Zeit als innere Uhr —— 76
Erfahrung der Präsenz und neue Begriffe von subjektiver und objektiver Zeit —— 84
Neurophänomenologie der Zeit —— 91
Konklusion —— 93

Literatur —— 100

Personenregister —— 108

Sachregister —— 110

Einleitung

Im Alltag scheinen wir auf zwei verschiedene Weisen über die Zeit zu reden.[1] Wir können zum Beispiel zu unserer Freundin sagen: „Übermorgen bin ich zurück, Schatz", aber auch „Am 3. April 2019 um 17:30 Uhr bin ich doch schon wieder da!" Im ersten Fall gehen wir von der Unterscheidung zwischen Vergangenheit, Gegenwart und Zukunft aus – den sogenannten Zeitmodi. Dabei hat die Gegenwart – das Jetzt, die Präsenz, in der wir uns jeweils befinden – eine privilegierte Position, denn die Vergangenheit ist diejenige Zeit, die jeweils vor unserer Präsenz liegt, und die Zukunft ist diejenige Zeit, die jeweils auf unsere Präsenz folgt. In der modernen Zeit-Theorie nennt man diese Form der Zeit auch die modalzeitliche Ordnung (der Ausdruck „modalzeitlich" spielt auf die Modi der Zeit an). Im zweiten Fall unserer alltäglichen Redeweise über die Zeit greifen wir auf eine kalenderartige Zeitordnung zurück, in der es lediglich ein Früher und Später, aber keinen Platz für das Jetzt gibt. Denn die Angabe „Am 3. April 2019 um 17:30 Uhr" ist unabhängig von der Präsenz verständlich, in der sich einzelne Menschen befinden. In der modernen Zeit-Theorie nennt man diese Form der Zeit auch die lagezeitliche Ordnung (der Ausdruck „lagezeitlich" spielt dabei auf die Lage oder Position eines Zeitpunktes in einem universellen Kalender an).

In der gegenwärtigen Zeit-Theorie wird die modalzeitliche Ordnung als subjektive Zeit und die lagezeitliche Ordnung als objektive Zeit betrachtet. Denn die lagezeitliche Ordnung scheint ein Ordnungsschema zu sein, das objektiv für alle Vorgänge gilt, während die modalzeitliche Ordnung notwendigerweise von der zeitlichen Präsenz und jeweiligen Gegenwart einzelner Subjekte abhängt. Nur im Rahmen der subjektiven Zeit gibt es Bewegung – zwar nicht der Zeit selbst, wohl aber der wandernden Präsenz (des wandernden Jetzt). Die Verwendung der modalzeitlichen Ordnung erfordert Erinnerung und Imagination der Zukunft. Die objektive Zeit erfordert die Einigung und Festlegung einer verbindlichen Zeiteinheit, die nur im Blick auf periodische Vorgänge in der Natur fixiert werden kann.

Die zeit-theoretisch grundlegende Unterscheidung zwischen subjektiver und objektiver Zeit wurde vor rund hundert Jahren zum ersten Mal explizit auf den Punkt gebracht[2] und bis heute aufrecht erhalten.[3] Eine der besten neueren Darstellungen der modernen Philosophie der Zeit erklärt diese Unterscheidung „zum zentralen Beschreibungswerkzeug …, um die strukturellen Besonderheiten wie

---

[1] Vgl. Sieroka 2018, 15–21.
[2] Siehe McTaggart 1908, der diese Unterscheidung in Begriffen der zeitlichen A-Reihe (modalzeitlich) und B-Reihe (lagezeitlich) eingeführt hat.
[3] Siehe Sieroka 2018, 15–17.

OpenAccess. © 2021 Wolfgang Detel, publiziert von De Gruyter. Dieses Werk ist lizenziert unter der Creative Commons Attribution-NonCommercial-NoDerivatives 4.0 License.
https://doi.org/10.1515/9783110709889-001

auch die Zusammenhänge der verschiedenen Erscheinungsformen der Zeit aufzuzeigen."[4] Es ist daher nicht übertrieben zu behaupten, dass Überlegungen zur subjektiven und objektiven Zeit grundlegend für jede Zeit-Theorie sind.

In der Geschichte der europäischen Philosophie wurde über Zeit nachgedacht, seit es Philosophie gab, zum Beispiel von antiken Philosophen wie Empedokles und Platon. Doch wie auf so vielen anderen Gebieten der Philosophie auch (etwa der Logik, Ethik oder Wissenschaftstheorie) wurde die erste ausgearbeitete Theorie der Zeit von Aristoteles vorgelegt – einem der wirkungsmächtigsten Innovatoren der europäischen Geschichte des Denkens.[5] In seiner Zeit-Theorie verwendet Aristoteles keine Terminologie, die eine explizite Unterscheidung zwischen subjektiver und objektiver Zeit involviert, sowie es überhaupt in der klassischen griechischen und hellenistischen Philosophie keinen erkennbaren Fokus auf den Dualismus von Subjektivität und Objektivität gibt. Die Artikulation dieses Dualismus scheint vielmehr erst seit der europäischen Frühmoderne aufzutreten, als die lateinische Übersetzung *subjectum* des aristotelischen Terminus *hypokeimenon* („Zugrundeliegendes") auf den mentalen Bereich bezogen wurde.[6] Doch bereits ein flüchtiger Überblick über die aristotelische Zeit-Theorie im vierten Buch der *Physik* zeigt, dass Aristoteles sowohl einen Zeitbegriff einführt, der auf Jetzt-Momente zurückgreift, als auch einen Zeitbegriff, der Zeit als quantitativen Parameter betrachtet, dessen Einheit anhand periodischer Bewegungen von Sternen gewonnen wird. Der Sache nach unterscheidet Aristoteles demnach durchaus zwei Zeitbegriffe, die dem subjektiven und objektiven Zeitbegriff im modernen Sinn höchst ähnlich sind. Bemerkenswert ist allerdings, dass er einen dritten Zeitbegriff einführt, der mit Hilfe der berüchtigten Formel „Zeit ist Zahl" ausgezeichnet wird und gleichsam in der Mitte zwischen Zeit als Summe von Zeitmodi und Zeit als quantitativem Maß zu liegen scheint.

Der vorliegende Essay widmet sich einer Analyse und einem Vergleich der aristotelischen und modernen Zeitvorstellung und legt dabei einen Schwerpunkt auf die moderne Unterscheidung zwischen subjektiver und objektiver Zeit sowie auf das aristotelische Pendant dieser Unterscheidung. Allerdings ist dieses Un-

---

4 Sieroka 2018, 11. Siehe ferner Markosian 2016, Abschnitt 5.
5 Der Kern der aristotelischen Zeit-Theorie findet sich in der *Physik* des Aristoteles, Buch IV, Kapitel 10–14.
6 In der Philosophie des 17. Jahrhunderts wurde der entscheidende Schritt zur modernen Dichotomie von Subjekt und Objekt durch eine neue Unterscheidung getan, die noch nicht auf die Begriffe „Subjekt" und „Objekt" zurückgriff, sondern auf eine Unterscheidung, die bis heute zum Kern der Differenz des Subjektiven und Objektiven gerechnet wird: die Unterscheidung zwischen Dingen, wie sie wirklich (objektiv) sind, und den Dingen, wie sie uns (subjektiv) erscheinen (etwa bei John Locke). Vgl. dazu die höchst informative Studie Ayers 1998.

ternehmen von vornherein durch erhebliche Probleme belastet. Die aristotelische Theorie der Zeit gilt unter modernen Gelehrten und Kommentatoren als gescheitert. Unter anderem werden ihr logische Fehler und mangelnde Kohärenz vorgeworfen. Außerdem wird bemängelt, dass Aristoteles seine verschiedenen Zeitbegriffe nicht in eine systematische Einheit zu integrieren vermag und daher keine einheitliche Zeit-Theorie (keine *unified theory of time*) zu präsentieren vermag. Es ist bemerkenswert, dass der modernen Zeit-Theorie dieselbe Schwierigkeit attestiert wird. Denn viele der führenden gegenwärtigen Zeit-Theoretiker gehen davon aus, dass, erstens, die Unterscheidung zwischen subjektiver und objektiver Zeit sinnvoll und wichtig ist, dass ferner zweitens weder das Konzept der subjektiven Zeit theoretisch auf das Konzept der objektiven Zeit noch das Konzept der objektiven Zeit theoretisch auf das Konzept der subjektiven Zeit zurückgeführt werden können, und dass sich schließlich drittens gegenwärtig bislang keine Möglichkeit abzeichnet, die Konzepte der subjektiven und objektiven Zeit in eine einheitliche moderne Zeit-Theorie zu integrieren.

Eines der Ziele des vorliegenden Essays ist es, diese desolate Situation zumindest ein Stück weit abzumildern. Dazu wird zunächst im ersten Teil die Zeit-Theorie des Aristoteles einer genauen Prüfung unterzogen. Dabei stellt sich heraus, dass die zentralen Vorwürfe, denen diese Theorie ausgesetzt ist, unberechtigt sind und ihrerseits auf logischen Missverständnissen der aristotelischen Argumentation beruhen. Vor allem aber zeigt sich, dass Aristoteles die Unterscheidung zwischen subjektiver und objektiver Zeit zwar einführt, diese Unterscheidung jedoch nicht als scharfen Dualismus betrachtet und daher tatsächlich einen ernsthaften Versuch unternimmt, beide Zeitbegriffe in eine einheitliche Theorie zu überführen.

Im zweiten Teil des vorliegenden Essays wird die moderne Unterscheidung zwischen subjektiver und objektiver Zeit kritisch untersucht. Es ist unschwer zu sehen, dass diese Unterscheidung in modernen Zeittheorien als exklusive Alternative gehandelt wird und ihrerseits darauf beruht, dass die Differenz zwischen Subjektivität und Objektivität als scharfe Dichotomie aufgefasst wird, die dem Axiom genügt, dass etwas objektiv ist genau dann, wenn es nicht subjektiv ist, woraus logisch folgt, dass etwas subjektiv ist genau dann, wenn es nicht objektiv ist. Die Überlegungen im zweiten Teil dieses Essays diskutieren die verschiedenen Varianten dieses Axioms genauer und machen geltend, dass sie theoretisch unhaltbar sind. Die Begründung dieser Diagnose beruht vor allem auf Einsichten der gegenwärtigen post-analytischen Philosophie und insbesondere auf Argumenten einiger der einflussreichsten Philosophen der zweiten Hälfte des 20. Jahrhunderts, von denen der Subjekt-Objekt-Dualismus heftig – und überzeugend – attackiert wird. Die „absoluten" Begriffe von reiner Subjektivität ohne Objektivität und von reiner Objektivität ohne Subjektivität, die im genannten Axiom artikuliert worden sind, werden als sinnlos entlarvt. Unser grundlegender kognitiver Modus scheint eine Art von objektiver Subjektivität zu sein. Aus dieser Sicht erweist sich auch der Unterschied zwischen subjektiver und objektiver Zeit als weniger scharf und gravierend, als bisher angenommen, und damit könnte sich eine Perspektive für eine moderne einheitliche Theorie der Zeit eröffnen. Eine solche Theorie würde offensichtlich grundlegende Intuitionen der aristotelischen Zeit-Theorie in moderner Fassung wieder aufnehmen.[7]

---

[7] Der vorliegende Essay ist im Rahmen eines mehrmonatigen Fellowships im Einstein Center Chronoi an der Freien Universität Berlin und der Humboldt-Universität zu Berlin entstanden, das der Erforschung antiker Zeitvorstellungen gewidmet ist. Ich bedanke mich bei dem Vorstand dieses Projektes für die großzügige Unterstützung meiner Arbeit zur aristotelischen und modernen Zeitvorstellung. Mein Dank gilt auch Manfred Stöckler, Jin Kim, Uwe Seifert, Marc Wittmann und Dominik Perler für hilfreiche Kommentare zu früheren Versionen dieses Essays.

Teil I **Aristoteles und die einheitliche Theorie der Zeit**

Zeit bei Platon

Jede Interpretation der aristotelischen Philosophie oder eines Teils der aristotelischen Philosophie tut gut daran, einen Blick auf Platons Überlegungen zum selben Thema zu werfen. Denn Aristoteles pflegte all seine philosophischen Vorschläge mit einem mehr oder weniger kritischen Blick auf die Gedanken seines großen Lehrers zu entwickeln.

Parmenides, sein scharfsinniger Schüler Zenon und sein bekennender philosophischer Sohn Platon[8] haben die These vertreten, dass das wahre „Sein" des Kosmos, seine ontologische Basis, aus einer Einheit oder einer Menge von Einheiten besteht, die keinen zeitlichen Wandel involviert, sondern in einer ewigen Gegenwart oder reinen Präsenz existiert.[9] Unsere Wahrnehmung von einem zeitlichen Wandel vieler Dinge in der Welt wird nicht geleugnet, aber als Illusion betrachtet. Zenon hat zum Beispiel behauptet, dass ein abgeschossener Pfeil nacheinander verschiedene jeweils ruhende Positionen einnimmt, die unsere visuelle Wahrnehmung illusionär zu einer kontinuierlichen Bewegung verbindet (ein Vorgang, den sich bekanntlich der moderne Film zunutze macht).

Platon übernimmt diese eternalistische Konzeption der Zeit für die von ihm proklamierten Formen und das Eine oder Gute: Sie stellen zwar Urbilder der zyklisch bewegten Himmelskörper dar[10], sind aber selbst unvergänglich[11] und existieren weder in der Vergangenheit noch in der Zukunft, sondern nur in der Präsenz. Einer der Hintergründe für diese Position ist die Unterscheidung zwischen empirischer und philosophischer Astronomie. Die empirische Astronomie ist die Wissenschaft von den beobachtbaren Bewegungen der Sterne und daher in mancherlei Hinsichten praktisch nützlich, z.B. für Landwirtschaft und Schifffahrt. Die beobachtbaren Bewegungen der Sterne sind jedoch Abbildungen mathematischer Strukturen, mit denen sich die philosophische Astronomie beschäftigt und die allein von der Vernunft eingesehen werden können.[12] Der philosophischen Astronomie zufolge ist es die Weltseele, die die sichtbaren Him-

---

8 Siehe Plat. Soph. 237a.
9 Die Gelehrten streiten sich darüber, ob damit gemeint ist, dass das wahre Sein außerhalb der Zeit (vgl. z.B. Cherniss 1944, 211ff.; Tarán 1979, 43–46) oder in ewiger Gegenwart existiert (vgl. z.B. Cornford 1937, 98ff.). Tatsächlich scheint jedoch kaum ein Unterschied zwischen diesen beiden Lesarten zu bestehen. Denn ewige Gegenwart ist sowohl mit der modal-zeitlichen Ordnung (also dem Tripel Vergangenheit, Gegenwart, Zukunft) als auch mit der lagezeitlichen Ordnung (also der nach der Früher-Später-Relation geordneten Reihe von Ereignissen) unvereinbar und somit nicht zeitlich.
10 Plat. Rep. VII, 527d–530c.
11 Plat. Parm. 141a–b, e.
12 Plat. Rep. VII, 527d–530c.

melskörper bewegt. Die Himmelskörper sind Götter, und ihre Bewegung ist exakt kreisförmig.[13] Das Nachdenken über das Eine, die grundlegende von Platon postulierte Entität, droht zwar in Paradoxien zu versinken, doch wenn es das Eine gibt, dann kann es nicht in der Zeit oder zumindest nicht in einer bestimmten Zeit sein.[14]

Platons grundlegende Bestimmung der Zeit ist, dass sie als Tripel von Vergangenheit, Gegenwart und Zukunft ein bewegliches Abbild der Unvergänglichkeit des wahren Seienden ist, das in Zahlen voranschreitet.[15] Dass die Zeit in Zahlen voranschreitet, bedeutet nach Platon unter anderem, dass die Zeit zählbare Abschnitte aufweist.[16] Die zählbaren Abschnitte sind die Teile der Zeit, die Formen der Zeit sind dagegen Vergangenheit, Gegenwart und Zukunft, aus denen die Richtung der Zeit hervorgeht. Auf diese Weise scheint Platon sowohl die subjektive als auch die objektive Zeit in seine philosophische Analyse des Zeit-Begriffs zu integrieren und dabei einen linearen Zeitbegriff zu investieren.

Das gerichtete Voranschreiten der Zeit in bestimmten zählbaren Abschnitten ist nach Platon ein unabgeschlossener unendlicher Prozess, der wesentlich zur Ordnung des Himmels beiträgt und zugleich das zeit-transzendente unveränderliche Urbild des sichtbaren Kosmos abbildet.[17] Die konkreten Zahlen, die mit den zählbaren Teilen der Zeit korreliert sind, können nach Platon nur an periodischen kreisförmigen Bewegungen von Sternengöttern festgemacht werden. Mehr noch, die gerichtete Ordnung der durch Zahlen bestimmten Zeit-Intervalle wird durch die periodischen (also auch in Abschnitte unterteilten) Bewegungen der Sterne erst generiert. In diesem Sinne behauptet Platon, dass diese periodischen Bewegungen die Zeit „sind".

Allerdings weist Platon darauf hin, dass die verschiedenen sichtbaren periodischen Bewegungen der Sterne nicht miteinander kommensurabel sind, das heißt nicht ganzzahlige Vielfache voneinander sind. Eine zentrale Aufgabe der mathematischen Astronomie ist es daher, eine umfassende periodische Bewegung zu finden, die das kleinste gemeinsame Vielfache der Einzelperioden ist, die also ein ganzzahliges Vielfaches aller festgestellten Einzelperioden ist. Nicht nur diese Aufgabe, sondern auch ihre Lösung war bereits vor Platon von der mathematischen Astronomie entwickelt worden – für Platon die wahre, der Wahr-

---

13 Plat. Nomoi X 898d ff., Phileb. 28e–30d. Siehe auch Plat. Tim. 38d–39b, wo auf das Kreisbahn-Modell von Eudoxos angespielt wird. In Nomoi III, 676b bemerkt Platon, dass sich das ganze Ausmaß der Zeit nicht erforschen lässt.
14 Plat. Parm. 141a–b, e.
15 Tim. 37d. Vgl. dazu z. B. Böhme 2000, 66–73.
16 Vgl. zum Folgenden Plat. Tim. 37d–39e sowie Böhme 2000, 66–73.
17 Diese Deutung ist zwar verbreitet, aber nicht unbestritten. Siehe oben, Fn. 9.

nehmung verborgene Bewegungsperiode, die ein Maß für alle Einzelperioden sein kann, also das Problem der Zeitmessung lösen kann. Diese Periode ist das „vollkommene Jahr."[18]

An anderer Stelle macht Platon anhand der Musik deutlich, dass man erst dann etwas wissenschaftlich ergründet hat, wenn man sein „Vielerlei und Welcherlei" (das Zählbare und die Formen) erkannt hat.[19] So muss man zum Beispiel in der Musiktheorie Zahl und Formen der „Zwischenräume der Töne" ihrer Zahl und Form nach erkennen, und auch was daraus zusammengesetzt werden kann, wie es ältere Musiktheoretiker (gemeint sind die Pythagoreer) bereits getan haben. Dasselbe gilt aber auch für die „Bewegungen des Leibes, welche man in Zahlen gemessen, wie sie sagen, wiederum Rhythmen und Metren nennen muss".[20]

In diesem Kontext erwähnt Platon erneut die (mathematische) Methode, die im Blick auf das Gleiche und Zweifache und anderes derartiges

> „bewirkt, dass das Entgegengesetzte aufhört, sich zueinander als ungleich zu verhalten, und welche durch Einbringung des Gleichmäßigen und Zusammenstimmenden eine Zahl hervorbringt"[21]

und führt wiederum Harmonik und Rhythmik als Beispiele an:

> „Wenn in Hohes und Tiefes (als Gegenstand der Harmonik), in Schnelles und Langsames (als Gegenstand der Rhythmik) eben dieses Selbige (das Kommensurable) hineinkommt, wird es nicht, indem es Grenze bewirkt, zugleich die gesamte Musiktheorie auf das Vollkommenste darstellen?"[22].

Die naheliegende Übertragung dieser Überlegung auf das astronomische Kommensurabilitätsproblem führt nicht zu einer astronomischen Harmonik (wie Kepler annahm), sondern auf eine astronomische Rhythmik als „musikalische" Zeitordnung des Himmels.[23]

---

18 Es lagen bereits Vorschläge auf dem Tisch. Platon spielt auf eine achtjährige Periode an, die zusammengesetzt ist aus fünf Jahren mit jeweils zwölf Monaten und drei Jahren mit jeweils 13 Monaten. Für die Monate und Tage ist die genannte Aufgabe das Kalenderproblem, das bis heute mit gewissen mathematischen Manipulationen arbeiten muss (wie der Rückgriff auf Schalttage zeigt).
19 Vgl. Plat. Phileb. 17b–d.
20 Plat. Phileb. 17d.
21 Plat. Phileb. 26e.
22 Plat. Phileb. 26a.
23 Vgl. Böhme 2000, 73.

Insgesamt bestreitet Platon im Gegensatz zu Parmenides und Zenon nicht, dass es wahrnehmbaren Wandel gibt, der nicht lediglich eine mentale Illusion ist, und dass dieser Wandel in der Zeit verläuft, billigt diesem Wandel jedoch metaphysisch lediglich einen Abbild-Status zu.

Der *Received View* der Forschung zur aristotelischen Zeittheorie

Es blieb, wie bereits bemerkt, Aristoteles vorbehalten, im Rahmen der Geschichte der Philosophie die erste explizit ausgearbeitete Theorie der Zeit vorgelegt zu haben.[24] Diese Theorie wirft viele Fragen auf und scheint viele Rätsel zu enthalten. Es ist daher kaum verwunderlich, dass sich seit langem eine ausgedehnte Forschung rund um diese Theorie etabliert hat.

Jede Interpretation der aristotelischen Theorie der Zeit ist durch die Komplexität und zum Teil kryptische Darstellung der einschlägigen Textstellen belastet. Die Komplexität besteht unter anderem darin, dass die aristotelische Zeit-Theorie sehr voraussetzungsreich ist. Denn „Zeit" ist einer der Grundbegriffe der aristotelischen Physik. Für Aristoteles hängen Natur, Bewegung, Raum, Zeit, Körper und Kontinuum eng zusammen. Seine Zeitvorstellung kann daher nur in diesem umfassenderen Kontext erläutert werden.

In der modernen Forschung hat die aristotelische Theorie der Zeit eine denkbar schlechte Presse. Die einflussreichsten Interpreten halten sie für interessant, aber gescheitert. Diese Diagnose ist das Resultat einer heftigen Kritik an zentralen Aspekten der aristotelischen Zeit-Theorie:

(1) Aristoteles verfolgt eine reduktionistische Strategie, die alle grundlegenden Eigenschaften der Zeit aus Eigenschaften von Raum und Bewegung zu deduzieren versucht. Diese Reduktion ist gescheitert.
(2) Die Darstellung der Zeit-Theorie in Phys. IV 10 – 14 bildet keine systematische Einheit.
(3) Aristoteles kann, nicht zuletzt aufgrund seiner reduktionistischen Strategie, die Richtung der Zeit nicht erklären.
(4) Die Erklärung der Zeit durch Rückgriff auf Bewegungen ist zirkulär, weil Bewegung nicht ohne Verweis auf Zeit definiert werden kann.
(5) Das Konzept des Jetzt bleibt dunkel. Insbesondere bleibt die Gleichzeitigkeit unerklärt.

---

[24] Der Haupttext ist in *Physik* Buch IV, Kapitel 10 – 14.

(6) Zeit ist gebunden an unterschiedliche einzelne Bewegungen und das Jetzt, doch von dieser Grundlage aus führt kein Weg zu einer objektiven Zeit als messbarer Größe.

(7) Zeit scheint einerseits objektiv zu existieren und andererseits erst durch mentale Akte der Teilung des zeitlichen Kontinuums generiert zu werden. Dieser Widerspruch wird nicht aufgelöst.[25]

Eine zentrale Komponente der neuen Lesart, die im Folgenden präsentiert wird, ist die Zurückweisung von (1), die dazu führt, dass der Einwand (3) sein Gewicht verliert. Die neue Lesart betont, dass Aristoteles nicht das Ziel verfolgte, die Eigenschaften der Zeit aus räumlichen und kinetischen Verhältnissen strikt zu deduzieren. Vielmehr baut er seine Zeit-Theorie so auf, dass er ihre Komponenten sukzessiv und auf konsistente Weise einführt, und zwar derart, dass die später eingeführten Komponenten als Spezialfälle der früher eingeführten Komponenten betrachtet werden. Auch für die Probleme (5) und (6) zeichnen sich im Rahmen der neuen Lesart Lösungen ab. So liefert Aristoteles durchaus Erläuterungen des Jetzt, die auf das grundlegende zeit-theoretische Phänomen der Wanderung des Jetzt aufmerksam machen (entgegen der Problematisierung (5)). Und zu Problem (6) muss ein Aspekt herangezogen werden, der in der bisherigen Forschung übersehen worden ist, nämlich dass die aristotelische Theorie der Zeit mit einer Theorie der Zeitintervalle startet, in der die Zeit insgesamt zunächst nicht thematisiert wird. Erst auf der Ebene, in der die Zeit eine Art von Zahl genannt werden kann, lässt sich nach Auffassung von Aristoteles die Zeit als potentiell unendliche Folge adressieren. Die bisherigen Interpretationen leiden zudem unter dem Missverständnis, dass die Bestimmung von Zeit als eine Art von Zahl der Versuch ist, Zeit als messbare Größe einzuführen. Tatsächlich ist diese Einführung in der *Physik* des Aristoteles aber ein zusätzlicher und deutlich artikulierter Schritt.

Darüber hinaus soll im Folgenden gezeigt werden, dass die aristotelische Zeit-Theorie logisch konsistent ist, dass Aristoteles zumindest den Versuch unternommen hat, eine einheitliche Theorie der Zeit vorzulegen, die die modalzeitliche und lagezeitliche Ordnung zusammenführen soll, dass er eine Idee für die Er-

---

25 Vgl. vor allem Zeller 1963, Cornford 1937, Cherniss 1944, Ross, Aristotle 1960, Wagner, Aristoteles 1967, Hussey, Aristotle 1983, Conen 1964, Böhme 1974, Annas 1975, Owen 1976, Tarán 1979, Bostock 1980, Sorabji 1983, Rudolph 1988, Inwood 1991, Marquardt 1993, Mesch 2003, Roark 2004, Brettler 2004, Thapar 2005, Coope 2008, Bowin 2009, Roark 2011. Siehe z.B. Ross 1960, 63–69. Hussey 1983, XXXV–XLIX und ausführlicher Bowin 2009, Teil I. Ursula Coope hat die bisher genaueste Textinterpretation vorgelegt.

läuterung der Irreversibilität der Zeit entwickelt hat, und dass sich seine Zeit-Theorie am besten einer Variante des Possibilismus zuordnen lässt.

Aristoteles: Bewegung, Zeit und Kontinuität

In krassem Gegensatz zu Platon geht Aristoteles davon aus, dass Bewegungen ein grundlegendes Phänomen der Welt sind. *Bewegung* ist daher der Grundbegriff seiner Physik, und Physik ist die Wissenschaft von den Bewegungen. Zwar ist Aristoteles mit Platon darin einig, dass die Wissenschaft allgemeine Formen (also Strukturen) erforscht, macht jedoch geltend, dass – metaphysisch formuliert – alle Strukturen in materiellen Phänomenen realisiert sind. Insbesondere können daher auch Bewegungen materieller, wahrnehmbarer Dinge Strukturen aufweisen, die von der Physik zu untersuchen sind. Die Metaphysik stellt Möglichkeiten der Bedingungen einer wissenschaftlichen Physik bereit. Aristoteles geht daher folgerichtig von einem Grundkonzept von Bewegung aus, das in Grundbegriffen seiner modalen Metaphysik formuliert ist:

> T1 „Bewegung (*kinesis*) ist die Verwirklichung eines der Möglichkeit nach Seienden".[26]

Ein paradigmatischer Fall dieser grundlegenden Form von Bewegung ist, dass Materie von einer Form geprägt und dadurch zu einem Form-Materie-Kompositum wird. These T1 greift nicht auf einen Zeitbegriff zurück. Zeit kann demnach nicht identisch mit Bewegung sein. Wenn Bewegung aber das grundlegende Phänomen der Natur ist, so kann die Zeit auch nicht unabhängig von Bewegung sein. Dafür spricht auch, dass wir Zeit nur dann wahrnehmen, wenn wir Bewegung registrieren.[27] Also können wir feststellen:

> T2 „Zeit ist weder identisch mit Bewegung noch unabhängig von Bewegung"[28].

Die Thesen T1 und T2 stellen den Ausgangspunkt der Zeit-Theorie dar, die Aristoteles in seiner *Physik*, Buch IV, Kap. 10 – 14 entwickelt. Über T2 hinaus artikuliert

---

26 Vgl. Metaph. XI 9, 1065b.
27 Phys. 219a4 – 9.
28 Phys. 219a1 – 2.

er einige kinematische Theoreme aus seiner *Physik*, die er offenbar als relevant für ein Verständnis von Zeit ansieht:

> T3 Bewegung[29] ist grundsätzlich eine Aktivität des Bewegten, nicht des Bewegenden – eine Selbstbewegung aufgrund innerer Bewegungsprinzipien oder aufgrund externer Einwirkung von einem Punkt zum anderen,[30] und zwar von Substanzen und Naturdingen.[31]
> T4 Der Raum ist ein Kontinuum (*syneches*) und weist ein Vorher (*proteron*) und Nachher (*hysteron*) auf.[32]
> T5 Bewegung ist ebenfalls ein Kontinuum und weist ein Vorher und Nachher auf.[33]

Der Begriff des Kontinuums (vgl. T4, T5) ist für Aristoteles ein Schlüsselbegriff der Physik (weniger der Mathematik, wie man aus heutiger Sicht vermuten könnte) und beruht auf der erstmaligen Unterscheidung zwischen aktualer und potentieller Unendlichkeit. Etwas Unendliches ist aktual gegeben, wenn alle seine Elemente in der Realität existieren würden. Nach Aristoteles gibt es kein aktual Unendliches, sondern nur ein potentiell Unendliches (Phys. Buch III). Eine Menge ist potentiell unendlich, wenn jedes gegebene Intervall aus dieser Menge in weitere Intervalle geteilt werden kann (potentiell unendliche Teilbarkeit). Aber eine Menge ist auch dann potentiell unendlich, wenn zu jedem gegebenen Element dieser Menge ein nächstes Element angegeben werden kann (potentiell unendliche Fortsetzung). Die Anzahl der natürlichen Zahlen ist zum Beispiel potentiell unendlich, insofern zu jeder noch so großen angegebenen Zahl eine größere angegeben werden kann. Aus heutiger Sicht ließe sich hinzufügen, dass jede Menge, die sich 1–1-abbilden lässt auf die Menge der natürlichen Zahlen, eine potentiell unendliche Fortsetzung aufweist. Aristoteles spricht im Blick auf Raum

---

29 Der Ausdruck „Bewegung" (*kinesis*) wird hier und im Folgenden in einem weiten Sinn verstanden, der jegliche Veränderung einschließt (angelsächsische Interpreten übersetzen *kinesis* daher oft mit *change*). Tatsächlich verwendet Aristoteles in Phys. IV 10–11 die Ausdrücke *metabole* (Veränderung) und *kinesis* (Bewegung) offensichtlich als Synonyme: Im letzten Satz von Phys. IV 10 setzt Aristoteles für seine Diskussion über die Zeit Bewegung und Veränderung gleich. Aber in Phys. IV 11 scheint er doch primär an Ortsbewegung zu denken. In der Tat involvieren nach Aristoteles die meisten anderen Veränderungen die Ortsbewegung (einzige Ausnahme: Instantanbewegung). Siehe dazu auch Wagner in Aristoteles 1967, 571 zu 112,6.
30 Phys. 218b10–12, 219a10.
31 Vgl. Cat. 5, 4a10, b19 und Coope 2008, 42.
32 Phys. 219a10–16, Metaph. 1018b10–12.
33 Phys. 219a10–16, Metaph. 1018b10–12.

und Bewegung explizit von potentieller Unendlichkeit.[34] Auf dieser Basis kann definiert werden:

> T6 Raum und Bewegung sind Kontinua in dem Sinn, dass sie potentiell unendlich teilbar und fortsetzbar sind.[35]

Kontinuität in diesem technischen Sinn wird durch eine kognitive Operationsmöglichkeit definiert.[36] Ein Kontinuum weist die passive Disposition (*dynamis*) auf, aktive Teilungen zu „erleiden", das heißt bestimmte Strukturen zu realisieren.[37]

Die zentralen Aufgaben der Zeit-Theorie bestehen nach Aristoteles aus den Nachweisen, dass auch die Zeit ein Kontinuum ist sowie ein Vorher und Nachher aufweist. Betrachten wir zunächst, wie Aristoteles die Kontinuität der Zeit zu begründen versucht.

Im Rahmen der Zeit-Theorie in Phys. IV bemerkt Aristoteles zunächst:

> T7 „Da das Bewegte von etwas nach etwas bewegt wird und jede Größe ein Kontinuum ist, entspricht die Bewegung der Größe. Denn aufgrund der Tatsache, dass die räumliche Größe ein Kontinuum ist, ist auch die Bewegung ein Kontinuum".[38]

---

34 Phys. 207b21–26.
35 Der aristotelische Kontinuumsbegriff ist an der Intuition orientiert, dass zum Beispiel – um im modernen Jargon zu reden – rationale Zahlen im Intervall [1,2] dicht liegen. Nach heutiger Auffassung enthält ein solches „Kontinuum" aber Lücken – nämlich die irrationalen Zahlen. Daher bilden erst die reellen Zahlen ein lückenloses Kontinuum. Eine weithin anerkannte Möglichkeit, mit diesem Problem umzugehen, ist die Annahme, die Grundelemente des Kontinuums seien nicht Punkte, sondern Intervalle. Potentiell unendliche Teilungen eines Intervalls führen immer nur zu weiteren Intervallen (vgl. Sieroka 2018, 37–41). Und genau wenn das der Fall ist, handelt es sich um ein Kontinuum. Da Aristoteles annimmt, Punkte hätten keine Existenz, und da er im Verlauf der Entfaltung seiner Zeit-Theorie immer vom Prozess der Teilung von Intervallen in weitere Intervalle ausgeht, weisen seine Überlegungen eine Nähe zu der genannten modernen Position auf. Da die Existenz nicht-rationaler Zahlen bereits vor Aristoteles bewiesen worden war, hätte Aristoteles durchaus sehen können, dass sein Kontinuumsbegriff keine Lückenlosigkeit enthält. Tatsächlich hat er diesen Punkt offensichtlich übersehen. Ungeklärt bleibt auch, ob Aristoteles' Rede von den Extrema von Intervallen nicht unter der Hand die Rede von bestimmten Punkten des Kontinuums wieder ins Spiel bringt. Ich verdanke diese Hinweise Uwe Seifert.
36 Siehe Wieland 1962, 300–306.
37 In Phys. VIII 8, 263a11–b9 betont Aristoteles, dass die aktive aktuale Teilung eines Kontinuums, z.B. einer gegebenen Strecke, zwei verschiedene Kontinua generiert, die voneinander abgrenzbar und daher nicht in einer Relation der Kontinuität zueinander stehen.
38 Phys. 219a10–13.

In T7 spricht Aristoteles offenbar von Bewegungsphasen und begründet T7 durch T3. Das heißt: Sei B eine Bewegung eines Dinges D von P nach Q, dann ist die Strecke PQ ein Kontinuum und das Intervall [P,Q] eine Bewegungsphase. Zu PQ kann ein Punkt R gefunden werden, so dass die Strecke PR kleiner ist als PQ, und so *ad infinitum*. Daher kann auch zur Bewegungsphase [P,Q] ein Punkt R gefunden werden, so dass die Bewegungsphase [P,R] kleiner ist als die Bewegungsphase [P,Q], und so *ad infinitum*. Daher sind auch Bewegungsphasen potentiell unendlich teilbar und somit Kontinua im aristotelischen Sinn.

Im Anschluss an T7 kommt Aristoteles auf die Zeit zu sprechen:

> T8 „Aufgrund der Tatsache, dass die Bewegung ein Kontinuum ist, ist auch die Zeit ein Kontinuum, denn so groß die Bewegung ist, so groß scheint immer auch die Zeit zu sein".[39]

In T8 ist von einer Größe von Bewegung und Zeit die Rede. Das kann nur bedeuten, dass Bewegung als Bewegungsintervall und Zeit als Zeitintervall gedacht wird. Zudem unterstellt die Formulierung in T8, dass die Begründung in T8 dieselbe Form aufweist wie die Begründung in T7. Die Details dieser Begründung liefert Aristoteles erst im 6. Buch der *Physik*:[40]

Annahme: A bewegt sich schneller als B; dann gilt:
(1) A durchläuft eine gegebene Strecke im Zeitintervall [F,G], B im Zeitintervall [F,H], mit [F,G] < [F,H] und [F,G] + [G,H] = [F,H] (Teilung von [F,H]).
(2) Wenn B Strecke S im Zeitintervall [F,G] durchläuft, dann durchläuft A S im Zeitintervall [F,E], mit [F,E] < [F,G] und [F,E] + [E,G] = [F,G] (Teilung von [F,G]).
(3) Also gilt [F,G] + [G,H] = [F,H] sowie [F,E] + [E,G] = [F,G].
(4) Dieser Teilungsprozess lässt sich potentiell unendlich fortsetzen.
(5) Demnach sind Zeitintervalle potentiell unendlich teilbar, und in diesem Sinn ist die Zeit ein Kontinuum.

Quod erat demonstrandum, möchte man meinen.[41] Allerdings ist damit noch nicht eine potentiell unendliche Fortsetzbarkeit einer linearen Zeitreihe bewiesen. Und vor allem: Das Argument (1)–(5) greift auf das Konzept von Zeitintervallen zurück, das seinerseits im Rahmen der Überlegungen zur Kontinuität mit keinem

---
39 Phys. 219a13–14.
40 Phys. 232a23–233a21.
41 Anschließend an diese Argumentation präsentiert Aristoteles in Phys. VI 2 seine berühmte Widerlegung der Zenonischen Paradoxien (233a22–b31).

Wort erläutert wird. Bliebe es dabei, so wäre das Argument (1)–(5) im Rahmen einer Theorie der Zeit zirkulär. Wir können zwar festhalten:

> ZK Zeitintervalle sind potentiell unendlich teilbar, und daher ist jedes Zeitintervall ein Kontinuum.

Aber ZK bleibt zirkulär, solange nicht Zeitintervalle ohne Rückgriff auf den allgemeinen Zeitbegriff definiert werden. Tatsächlich liefert Aristoteles eine solche Definition, wie wir sehen werden, im Zuge des Nachweises, dass und inwiefern auch die Zeit ein Vorher und Nachher aufweist. Dieser Nachweis involviert im Übrigen die entscheidenden Komponenten seiner Zeit-Theorie.

Das allgemeine Vorher und Nachher (VN-Modell)

Aristoteles' zentrale zeit-theoretische Behauptung zum Vorher und Nachher lautet:

> T9 „(i) Das Vorher und Nachher kommt primär im Raum vor, hier aber durch Setzung. (ii) Da das Vorher und Nachher aber in der Größe vorkommt, kommt es notwendigerweise auch in der Bewegung vor, analog zur Größe. (iii) Aber auch in der Zeit kommt das Vorher und Nachher vor, aufgrund der Tatsache, dass stets das eine (sc. die Zeit) dem anderen (sc. der Bewegung) folgt".[42]

Die meisten modernen Interpreten betrachten dieses kurze Argument als misslungen. In Hinsicht auf T9 (ii) sehen sie das Problem, dass jede Bewegung gerichtet ist, räumliche Größen jedoch nicht, und dass daher T9 (ii) falsch ist. Damit lässt sich auch T9 (iii) nicht mehr halten. Bowin macht zum Beispiel geltend, dass nach Aristoteles bereits Bewegung gerichtet und asymmetrisch ist, weil der Übergang einer Bewegung oder eines sonstigen Wandels von einer Potentialität zu einer Aktualität führt, weil ferner der Übergang von Potentialität zu Aktualität gerichtet (asymmetrisch) ist, und weil schließlich die Bewegung von Aristoteles allgemein als Übergang von Potentialität zu Aktualität definiert wird (siehe oben T1). Nach Bowin impliziert also die Definition der Bewegung in Begriffen der

---

[42] Phys. 214a14–19 (Einteilung in drei Teilsätze von WD).

essentialistischen Metaphysik eine intrinsische Richtung (*intrinsic direction*), so dass die Begründung T9 (ii) überflüssig wird.[43]

Diese Analyse scheitert daran, dass die Bewegung von einer Potentialität zur entsprechenden Aktualität genauer betrachtet keineswegs asymmetrisch ist. Denn im paradigmatischen Fall kann Materie nach Aristoteles zwar Formen annehmen und so von der Potentialität, Formen anzunehmen, zur Aktualität einer Formprägung übergehen, aber auch das Umgekehrte kommt häufig vor, wie Aristoteles vor allem in Metaph. VIII diskutiert.[44] Embryonen können die Menschform annehmen und sie in der teleologischen Entwicklung vom Kind zum Mann entfalten,[45] aber das resultierende Form-Materie-Kompositum kann sich auch wieder auflösen (zum Beispiel wenn gesunde Menschen krank werden und sterben) und auf diese Weise ihre Form wieder verlieren.[46] Der Übergang von einer Potentialität in eine Aktualität ist also nicht irreversibel und nicht gerichtet. Nach Aristoteles sind demnach nicht alle Bewegungen gerichtet.

Dann aber wird die grundlegende zeit-theoretische These T9 (iii) problematisch. Denn – so lautet der Kern der Kritik – das Vorher und Nachher der Zeit ist ein Ausdruck für die Richtung der Zeit. Aristoteles will das Vorher und Nachher der Zeit in der Passage T9 aus dem Vorher und Nachher des Raumes und der Bewegung strikt deduzieren. Doch räumliche Verhältnisse sind nicht gerichtet, und viele Bewegungen sind ebenfalls nicht gerichtet, da sie prinzipiell auch invers verlaufen könnten. Also scheitert das Argument T9 (iii). Und damit scheitert die gesamte aristotelische Theorie der Zeit.[47]

Bevor wir vorschnell den Stab über die aristotelische Zeit-Theorie brechen, sollte genauer geprüft werden, ob aus T9 tatsächlich hervorgeht, dass gezeigt werden soll, dass das Vorher und Nachher und damit die Richtung der Zeit aus räumlichen und kinetischen Verhältnissen strikt (und das heißt: formallogisch, also syllogistisch) deduziert werden kann. Ein starkes Indiz gegen diese verbreitete Unterstellung ist, dass Aristoteles in T9 nicht seine formal-logischen Begriffe für Beweis (*syllogismos, apodeixis*) verwendet, sondern die Ausdrücke „entsprechen" (*akolouthein*) in T9 (iii) und „analog" (*analogon*) in T9 (ii). Zum Teil wurde diskutiert, was das „entsprechen" (oft auch mit „folgen" übersetzt) hier genauer heißen soll. Einer der genauesten Interpretationen zufolge bedeutet „X entspricht Y" für Aristoteles hier, dass (i) jedem Teil von X ein Teil von Y korre-

---

43 Bowin 2009, bes. 43–44.
44 Vgl. z. B. Metaph. VIII 5.
45 Vgl. z. B. Metaph. V 11.
46 Vgl. Metaph. VIII 5, 1044b30–1045a1, wo Aristoteles diese Vorgänge allgemein als „Prozesse des Vergehens" kennzeichnet.
47 Vgl. z. B. Owen 1976, 313, Sorabji 1983, 80, Coope 2008, 69–70.

spondiert (und umgekehrt), und dass (ii) X und Y strukturelle Relationen teilen.[48] In modernen Worten, X und Y sind partiell isomorph.[49]

Es ist zudem zu bedenken, dass Aristoteles die Idee einer gerichteten, irreversiblen Bewegung als ambivalent zu betrachten scheint. Einerseits können je zwei Bewegungsphasen gegenüber dem ersten Bewegenden (also dem unbewegten Beweger) von Natur aus ein Vorher und Nachher sein. Zum Beispiel ist die Phase, ein Knabe zu sein, in diesem Sinne der Bewegung nach ein Vorher, dagegen die Phase, ein Mann zu sein, ein Nachher.[50] In Reihen von Bewegungsphasen, die von Natur aus teleologisch geordnet sind, scheint demnach die Bewegung in einem starken Sinn irreversibel zu sein, da ihre Umkehrung einer grundlegenden Regularität der Natur widersprechen würde. Andererseits ist nach Aristoteles alles Vergangene notwendig, einfach weil es vergangen und daher nicht mehr veränderbar ist: „Es enthält nämlich das Geschehene Notwendigkeit."[51] In diesem schwachen Sinn ist jede vergangene Bewegung gerichtet, weil sie es nun einmal in der Vergangenheit war, obgleich sie damals auch hätte eine andere Richtung nehmen können und dies keine Regularität der Natur verletzt hätte:

(IRR) Irreversibilität
Eine Bewegung von P1 nach P2 ist gerichtet (irreversibel)
(a) im naturgesetzlichen (starken) Sinn, wenn es ein Naturgesetz oder eine empirische Regularität gibt, aus der folgt, dass es keine Bewegung von P2 nach P1 geben kann;

---

48 Coope 2008, 49.
49 „Isomorphismus" (Strukturgleichheit) ist ein wohldefinierter mathematischer Begriff. Partielle Isomorphie wird in den Formalwissenschaften seltener diskutiert. Die grundlegende Idee ist: Der partielle Isomorphismus gilt nicht für alle, sondern nur für einige Punkte oder n-Tupel zweier Mengen. Etwas genauer: Wenn zwei Strukturen auf einem k-Tupel von Punkten die gleichen quantorenfreien Formeln erfüllen, dann sind sie auf diesen Punkten partiell strukturgleich. Umgekehrt erfüllen zwei Strukturen, die partiell isomorph sind, die gleichen quantorenfreien Formeln (vgl. z.B. https://www2.informatik.hu-berlin.de/~weber/LidiWS0708.pdf, 6.10). Etwas ausführlicher: Sei p eine Abbildung von einer Teilmenge von A in eine Teilmenge von B, mit dom(p) für den Definitionsbereich von p und ran(p) für das Bild von p. Dann ist die Abbildung p ein partieller Isomorphismus genau dann, wenn dom(p) alle Konstanten von A enthält und für alle quantorenfreien Formeln $\varphi(x_1,...,x_n)$ und alle $a_1,...,a_n \in$ dom(p) gilt:
$A \models \varphi(a_1,...,a_n) \Leftrightarrow B \models \varphi(p(a_1),...,p(a_n))$.
50 Metaph. V 11, 1018b9–22.
51 Rhet. III 17, 1418a5. Vgl. auch Nikom. Eth. VI 2, 1139b5–9 und De Int. 9, 10a23–24, dazu Weidemann 2002, 284.

(b) im relativen (schwachen) Sinn, wenn die Bewegung in der Vergangenheit nun einmal von P1 nach P2 und eben nicht von P2 nach P1 lief und dies im Nachhinein nicht mehr geändert werden kann.

Die vollzogene Bewegung eines Dinges von A nach B sowie die Bildung eines Form-Materie-Kompositums ist sicherlich irreversibel im schwachen Sinn, jedoch – wie gezeigt – nicht im starken Sinn. Es gibt also nach Aristoteles Vorher-Nachher-Relationen, die keine Richtung im starken Sinn involvieren. Die theoriestrategische Bedeutung der schwachen Irreversibilität besteht darin, dass sie die Idee eines wachsenden Blocks kinetisch und zeitlich unveränderlicher Prozesse stützt, wie sie vom modernen Possibilismus, also der *growing block theory* ausgearbeitet wird.[52]

Wenn es um das Vorher und Nachher im Allgemeinen geht (das VN-Modell, wie ich im Folgenden sagen werde), so lohnt ein Blick in das von Aristoteles selbst erstellte Lexikon philosophischer Grundbegriffe in Buch V seiner *Metaphysik*. In Kapitel 11 nimmt sich Aristoteles dort das VN-Modell vor, für das er viele Beispiele anführt, die keine zeitlichen Konnotationen aufweisen. Beispielsweise stellen im Rahmen der Ontologie Substanzen und Akzidentien ein VN-Modell dar, wobei natürlich Substanzen das Vorher und Akzidentien das Nachher bilden. Aristoteles scheint, wenn man seine Beispiele in *Metaphysik* 11 insgesamt anschaut, von einem generellen und abstrakten Konzept eines VN-Modell auszugehen:

> „Dinge <sind> der Natur nach früher, die ohne andere Dinge existieren können, ohne die aber die anderen nicht existieren können:"[53]

(VNG) Generelles VN-Modell
(1) Ein V (= Vorher) und N (= Nachher) realisieren ein VN-Modell genau dann, wenn V – gegebenenfalls relativ auf einen Ausgangspunkt O – gegenüber N Priorität besitzt und die Relation R (V,N) daher asymmetrisch ist.[54]
(2) V besitzt gegenüber N Priorität (d. h. die Relation R (V,N) ist asymmetrisch), wenn V ohne N vorkommen kann, N aber nicht ohne V, oder wenn V erreicht oder behandelt werden kann, ohne dass N erreicht oder behandelt werden kann, und wenn N in diesem Sinn keine Priorität gegenüber V aufweist.

---

52 Vgl. zum Possibilismus und anderen metaphysischen Kennzeichnungen der Zeit genauer unten, Teil II, Abschnitt *Metaphysik der Zeit*.
53 Vgl. Metaph. V 11, 1019a2–4.
54 Die Relation R (x,y) ist asymmetrisch genau dann, wenn aus R (x,y) nicht R (y,x) folgt.

Räumliches und kinetisches VN-Modell

Im Folgenden soll gezeigt werden, dass Aristoteles die weiteren Komponenten seiner Zeit-Theorie als eine Reihe geeigneter Spezialfälle des generellen VN-Modells einführt. Auf diese Weise sind alle vorhergehenden speziellen VN-Modelle letztlich Teil der endgültigen Definition der Zeit, und die Zeit-Konzeption erhält einen bemerkenswert reichen und konsistenten semantischen Gehalt.[55] Diese Strategie kann sich auf eines der VN-Modelle berufen, die Aristoteles in Metaph. V 11 beschreibt, nämlich das VN-Modell von Definitionen (in Hinsicht auf ihr Definiens). Das heißt, wenn D1 und D2 zwei definierende Formeln sind und D2 auf D1 zurückgreift, so ist in Hinsicht auf das Paar (D1, D2) D1 das Vorher und D2 das Nachher.[56]

Die explanatorische Strategie in der aristotelischen Zeit-Theorie (das „Folgen" und „analoge Entsprechen") lässt sich an der definitorischen Priorität orientieren: Vom definitorischen Vorher kann zum definitorischen Nachher übergegangen werden, und in diesem Sinne folgt das definitorische Nachher dem definitorischen Vorher. Doch kann das definitorische Nachher keineswegs aus dem definitorischen Vorher logisch deduziert werden. Vielmehr ist das definitorische Vorher eine notwendige Bedingung für das definitorische Nachher und geht daher in dieses Nachher ein.[57]

Der Vorschlag ist, dass Aristoteles seine Zeit-Theorie so aufbaut, dass er eine Reihe spezifischer VN-Modelle definiert, derart dass jedes Paar (VN, VN*) aus dieser Reihe die Bedingung erfüllt, dass die Definition von VN ein definitorisches Vorher und die Definition von VN* ein definitorisches Nachher ist und am Ende dieser Reihe das temporale VN-Modell steht. Das bedeutet auch, dass VN* eine logische Spezialisierung von VN ist.

Diese Strategie einer Theorie-Konstruktion mag auf den ersten Blick wie die Beschreibung einer Genese wirken. Doch das wäre ein Missverständnis und wird im Rahmen der hier vorgeschlagenen Lesart auch nicht behauptet. Die Theorie-Konstruktion ist vielmehr ein logisch konsistenter Aufbau in mehreren Schritten, der nicht eine Folge logischer Deduktionen darstellt, sondern eine sukzessive Anreicherung der empirischen Komponenten des Zeitbegriffs.

---

55 Es ist zu beachten, dass es dabei zunächst nur um Zeit-Intervalle geht. Erst am Ende der gesamten Argumentation gelangt Aristoteles zu einem Begriff von Zeit als einer potentiell unendlich fortsetzbaren Reihe (also der Idee von Zeit, die wir aus moderner Sicht meist von vornherein unterstellen).
56 Vgl. Metaph. V 11, 1018b36–7, aber auch Metaph. II 2, 1077b1–11. Vgl. dazu auch Bowin 2009, bes. 42–44.
57 Vgl. dazu genauer unten den Abschnitt *Die Logik der aristotelischen Zeit-Theorie*.

Der erste Schritt in diesem Theorie-Aufbau ist die Beschreibung des räumlichen VN-Modells, das nach Metaph. V 11 ein spezifisches Beispiel für das allgemeine VN-Modell darstellt:

(VNR) Räumliches VN-Modell
Gegeben eine Gerade mit dem Anfangspunkt O, die über den Punkt P zum Endpunkt Q führt, so ist das Paar (P, Q) ein VN-Modell, insofern die Strecke OP kürzer ist als die Strecke OQ.[58]

O.............P......................Q

Die Punkte O, P und Q sind Marker, die in einem begrenzten, der Wahrnehmung zugänglichen Raum beliebig gewählt werden können (durch „Setzung", *thesis*), aber sich im konkreten Einzelfall auch an ruhenden Dingen orientieren können (von jenem großen Stein am Busch vorbei zum Baum dort hinten). Ist die Wahl getroffen, so sind auf der Strecke OQ die räumlichen Intervalle [O,P] und [P,Q] abgegrenzt. Das räumliche VN-Modell ist eine Größe (*megethos*), also ein messbarer Abschnitt auf einer Geraden.[59] Und diese Struktur ist symmetrisch in dem Sinne, dass auf der durch P und Q definierten Geraden ein Punkt R gewählt werden kann, derart dass die Strecke RQ kürzer ist als die Strecke RP, so dass auf derselben Geraden Q = V und P = N ist.

O............P............Q........R

---

[58] Ursula Coope weist zu Recht darauf hin, dass diese Beschreibung des rein räumlichen Vorher und Nachher impliziert, dass das räumliche Vorher und Nachher (a) stets relativ zu einem bestimmten Raumpunkt bestimmt ist, also nicht auf einem universellen Raum-Raster beruht, und (b) stets relativ auf einen bestimmten Weg von A nach B ist, der nicht notwendigerweise eine gerade Linie darstellt. Coope führt jedoch Stellen bei Aristoteles an, die zumindest für (b) zeigen, dass Aristoteles bei räumlicher Distanz vom Modell oder Idealfall einer geraden Linie ausgeht (theoretisch sehr zu Recht) (vgl. Coope 2008, 67–68). Problem (a) hängt mit der Frage objektiver Messungen physikalischer Größen zusammen. Dazu später mehr.
[59] Der Ausdruck „Größe" (*megethos*) bezeichnet nach Aristoteles eine Art von Quantum (*poson*) bzw. von Quantität (*posotees*). Ein Quantum ist dadurch gekennzeichnet, dass es verschiedene identifizierbare Teile hat. Ein Quantum ist eine Pluralität (*pleethos*), wenn es zählbar ist. Und ein Quantum ist eine Größe (*megethos*), wenn es messbar ist (Metaph. V 13, 1020a7–14). Zum Beispiel ist die (messbare) Größe aller Tiere begrenzt (745a6, 758b6). Insbesondere ist die geometrische Dimension eine Größe (die Größe in bezug auf Eines ist die Linie, in bezug auf Zwei die Fläche, in bezug auf Drei der stereometrische Körper (Phys. 268b7, 315b28)). Die Größe ist daher ein Kontinuum, das teilbar, abgrenzbar und messbar ist.

Das räumliche VN-Modell ist für Aristoteles, wie bereits bemerkt, eine Grundlage des kinetischen VN-Modells, das seinerseits eine Grundlage des temporalen VN-Modells ist.[60] Das kinetische VN-Modell orientiert sich an der Situation, dass sich ein Ding auf einer Geraden kontinuierlich von einem bestimmten Punkt zu einem anderen bestimmten Punkt bewegt. Aristoteles bemerkt lakonisch:

> „Da das Vorher und Nachher in Größen auftritt, tritt das Vorher und Nachher notwendig auch in Bewegungen auf, analog zum Vorher und Nachher in Größen."[61]

Es wird seit langem kontrovers diskutiert, welche Struktur dieses Argument hat. Dem Wortlaut zufolge handelt es sich um eine Analogie, die nach Aristoteles folgende Form hat: Wie sich A zu B verhält, so auch C zu D.[62] Ein möglicher Vorschlag ist, dass so wie das räumliche Vorher auch ohne das räumliche Nachher vorkommen könnte, aber nicht umgekehrt, so auch das kinetische Vorher ohne das kinetische Nachher vorkommen könnte, aber nicht umgekehrt.[63] Doch in der Analogie könnte auch die These stecken, dass die Phrasen „X zu Y" eine Struktur ausdrücken, so dass die Analogie auf eine Strukturerhaltung (einen Isomorphismus) hinauslaufen würde. Aristoteles betont, dass die Etablierung eines kinetischen Vorher und Nachher eine kognitive Aktivität involviert: Wir müssen in der Lage sein, eine Wahrnehmung des Vorher und Nachher in der Bewegung zu generieren, und dies geschieht dadurch, dass wir „eines und ein anderes an der Bewegung abgrenzen und etwas Weiters als dazwischenliegend betrachten." [64] Wir legen durch das visuelle Erfassen und Abgrenzen ein Bewegungsintervall [P*, Q*] fest:

```
        P*......................Q*
D....[P*......................Q*]............>
```

Wir dürfen diese Festlegung nicht allzu konstruktivistisch verstehen. Für Aristoteles enthalten die Dinge und Prozesse im Kosmos materiell realisierte Strukturen. Aus diesen Strukturen können wir einige je nach Blickwinkel markieren.[65] Über-

---

60 Phys. 219a14–19.
61 Phys. 219a14–18.
62 Z. B. Metaphys. V 6, 1016b31–37.
63 Coope 2008, 73.
64 Phys. 219a24–26.
65 Ein einfaches Beispiel: Ein Ding D bewegt sich vom Marktplatz M eines Dorfes vorbei an einem gelben, roten, blauen, grünen und schwarzen Haus und landet an einem Baum. Wir können ein Bewegungsintervall visuell abgrenzen, indem wir das gelbe und das grüne Haus als Begrenzungen markieren, also das realitätsgestützte Bewegungsintervall [gelbes Haus, grünes Haus]

dies dürfen wir die Festlegung von Bewegungsintervallen nicht allzu individualistisch verstehen. Gewiss sind es auf der grundlegendsten Ebene einzelne Personen, die die Grenzen von Bewegungsintervallen markieren. Aber verschiedene Personen können sich in bestimmten praktischen Kontexten auch auf solche Markierungen einigen. Aristoteles geht nicht explizit darauf ein – vermutlich weil er unterstellen konnte, dass seine Leserschaft mit vielen solcher Praktiken vertraut waren. Wenn es zum Beispiel darum ging, vor Gericht oder in der Volksversammlung allen Rednern gleiche Chancen einzuräumen, einigte man sich auf Anfangs- und Endpunkte der Bewegung von rieselndem Sand durch eine Glasröhre. Oder man einigte sich auf die Bewegungsintervalle des Schattens eines Stockes. Das alles scheint zu bedeuten:

(VNK) Kinetisches VN-Modell
(1) Sei G eine Gerade mit gewählten Punkten P und Q, so dass (P,Q) ein räumliches VN-Modell ist, und nehmen wir an, dass sich ein Ding D entlang G kontinuierlich von P nach Q bewegt. Dann wird durch P und Q ein Bewegungsintervall, das heißt eine Bewegungsphase [P*, Q*] definiert.
(2) D kann in seiner Bewegung Q* nicht erreichen, ohne P* zu erreichen.
(3) Daher stellt das Paar (P*, Q*) von Durchlaufpunkten einer kontinuierlichen Bewegung ein kinetisches VN-Modell dar.
(4) Bewegungsphasen können wir erkennen und abgrenzen, ohne auf Zeit-Parameter zurückgreifen zu müssen.

Die zentrale Zumutung und heftig kritisierte Komponente von (VNK) ist These (4). Gewöhnlich wird es für unmöglich gehalten, Bewegungen ohne Bezug auf Zeit zu denken. Doch Aristoteles muss auf (4) bestehen, um eine Zirkularität seiner Argumentation zu vermeiden.[66] Er scheint VNK für phänomenologisch begründbar zu halten. Wenn wir Bewegungen beobachten und in Bewegungsphasen einteilen, tragen wir die Bewegungsphasen keineswegs immer explizit auf unserem Kalender ab. Doch involviert VNK auch die harte These, dass das Grundphänomen der Natur, die Bewegung, nicht notwendiger Weise einen gerichteten zeitlichen Wandel enthält. Anders formuliert: Zeit gehört nicht zur Grundausstattung des Kosmos.[67]

---

etablieren. Wir können überdies auf dieselbe Weise weitere Bewegungsintervalle etablieren, etwa [grünes Haus, Baum]. Dabei wird nicht unterstellt, dass beide Bewegungsintervalle gleich groß sind.
66 Vgl. dazu und zum Folgenden Coope 2008, Kap. 4.
67 Diese These wird zuweilen mit Einsteins Relativitätstheorie in Verbindung gebracht, der zufolge die Raumzeit von Bewegungen bestimmter Bezugssysteme abhängig ist. Doch handelt es

Zeitintervalle und temporales VN-Modell

Direkt im Anschluss an VNK führt Aristoteles die Definition des Zeitintervalls ein. Es lohnt sich, diese Passage wörtlich zu zitieren:

> T10 „(i) Aber auch die Zeit erkennen wir, wenn wir die Bewegung abgrenzen, indem wir sie durch das Vorher und Nachher abgrenzen ... (ii) Wir vollziehen die Abgrenzung aber dadurch, dass wir sie <sc. das Vorher und Nachher> als Eines und ein Anderes sowie ein davon Verschiedenes in der Mitte betrachten.[68] (iii) Denn wenn wir die äußeren Grenzen des Mittleren als verschieden erkennen und die Seele sie als zwei Jetzt-Momente bezeichnet, dann nennen wir dies eine Zeit. (iv) Zeit scheint nämlich das durch das Jetzt Abgegrenzte zu sein. Und dies sei nunmehr vorausgesetzt."[69]

Die Sätze (i) und (ii) sind eine Kurzfassung von (VNK). Und die Sätze (iii) und (iv) setzen lediglich hinzu, dass wir von einer Zeit reden können, wenn wir das Vorher und Nachher einer Bewegungsphase jeweils ausdrücklich als ein Jetzt bezeichnen, das heißt Beginn und Ende der Bewegungsphase explizit mit zwei verschiedenen Jetzt-Momenten identifizieren:

$$D\ldots[P^*=J1\ldots\ldots\ldots\ldots\ldots Q^*=J2]\ldots\ldots\ldots>$$

Z1 Zeitintervalle
(i) Ein Zeitintervall ist eine Bewegungsphase $[P^*,Q^*]$ im Sinne von (VNK), derart dass die äußeren Begrenzungen P^* und Q^* der Bewegungsphase als verschiedene Jetzt-Momente J1 und J2 identifiziert werden. Wir notieren ein Zeitintervall daher als $[J1,J2]$.

---

sich hier um eine eher oberflächliche Analogie. Denn der Relativitätstheorie zufolge sind Raum *und* Zeit von den *Geschwindigkeiten* bestimmter Bezugssysteme abhängig, während Aristoteles nur von Bewegungen spricht sowie nur die Zeit, nicht auch den Raum von Bewegungen abhängig macht.

68 Aristoteles spricht hier auch von einem *diastema*, oft übersetzt mit „Abstand" zwischen zwei Markern, ähnlich wie in der antiken Musiktheorie tonale Intervalle als *diastemata* bezeichnet werden. Doch handelt es sich nicht notwendigerweise um eine metrische Länge. Von Maßen ist jedenfalls in Phys. IV 10–13 nicht die Rede.
69 Phys. 219a22–30.

(ii) Sofern sich eine Gemeinschaft für bestimmte Zwecke auf gemeinsame verbindliche Markierungen von Bewegungsintervallen einigt, liefern die korrespondieren Zeitintervalle die Grundlage lokaler Uhren.[70]

Der schwierige Begriff des Jetzt fungiert also als Grundbegriff der aristotelischen Zeit-Theorie. Aristoteles beschreibt den Vorgang, zu einem Bewegungsereignis „jetzt" zu sagen, nicht genauer. Doch den Begriff des Jetzt kennzeichnet er in Umrissen bereits vor der Einführung von Z1 in Phys. IV 11:

Z2 Das Jetzt
(i) Das Jetzt ist nicht ein Teil der Zeit, und daher besteht Zeit nicht aus einer Reihe von Jetzt-Momenten.[71]
(ii) Das Jetzt ist die Grenze zwischen Vergangenheit und Zukunft.[72]
(iii) Die Zukunft ist kontingent, die Vergangenheit nicht.[73]
(iv) Wenn J1 und J2 zwei Jetzt-Momente sind, dann fallen J1 und J2 niemals zusammen, sondern J2 taucht erst auf, wenn J1 nicht mehr existiert.[74]
(v) Dasselbe Jetzt kann nicht immer bestehen.[75]
(vi) Die Zeit ist nicht schneller oder langsamer.[76]

These (vi) ist einer der Belege dafür, dass Aristoteles der Auffassung ist, dass die Zeit sich nicht bewegt und keine Bewegung ist, denn Bewegungen sind schneller oder langsamer. Im Übrigen ist es mehr als offensichtlich, dass Aristoteles mit Z2 die Idee des wandernden Jetzt, also die Vorstellung der wandernden Grenze zwischen Vergangenheit und Zukunft artikuliert, die in der modernen Zeit-Theorie die modalzeitliche Ordnung genannt wird. Das bedeutet, dass er in seiner Theorie der Zeit die modalzeitliche Ordnung als theoretisch primär gegenüber der lagezeitlichen Ordnung ansieht.

---

[70] In der Antike gab es noch keine Uhren im modernen Sinn. Im Alltag wurde die Zeit durch Sonnenuhren, Sanduhren oder Wasseruhren gemessen, also durch Isomorphie zu räumlichen Maßen: zur Länge des Schattens, den die Sonne bei Gegenständen wirft (zum Beispiel der Länge des Schattens eines menschlichen Körpers oder eines Stabes in einer Sonnenuhr), oder durch die Quantität von Sand oder Wasser, die durch Gefäße mit einer Verengung in der Mitte von oben nach unten laufen. Diese allseits bekannte Praxis konnte Aristoteles hier voraussetzen.
[71] Phys. 218a6–8.
[72] Phys. 218a9.
[73] Int. 9, Nik. Eth. 1139b7–9, Cael. 283b13–14.
[74] Phys. 218a13–15.
[75] Phys. 218a21–22.
[76] Phys. 220a32.

Aristoteles spricht in diesem Kontext die Frage der Zeitrichtung nicht an. Tatsächlich folgt aus Z2 nicht, dass die Zeit gerichtet ist. Allerdings impliziert Z2 und insbesondere Z2 (iii), dass die Reihe der Jetzt-Momente im starken Sinn irreversibel gerichtet ist, weil dies trivialerweise für die Folge <Vergangenes, Zukünftiges> und folglich die Verschiebung der Grenze zwischen Vergangenheit und Zukunft gilt. Und wegen (iv) können wir hier von einem weiteren VN-Modell reden:

(VNJ) Modalzeitliches VN-Modell
(1) Seien J1 und J2 zwei verschiedene Jetzt-Momente, dann realisiert das Intervall [J1,J2] ein VN-Modell, das heißt J1 ist das modalzeitliche Vorher, J2 ist das modalzeitliche Nachher.
(2) Ein Zeitintervall [J1,J2] enthält starke Irreversibilität, insofern die Folge J1, J2 nach (i) irreversibel ist.
(3) Die Folge aller Jetzt-Momente ist irreversibel im starken Sinn.

Bis zu diesem Punkt besteht die aristotelische Zeit-Theorie aus den Thesen (T1) – (T9), (VNG), (VNR), (VNK), (VNJ), (IRR), (ZK) und (Z1) – (Z2). Die Folge dieser Thesen ist logisch geordnet, insofern sie den Begriff der Zeit sukzessive anreichert und spezifiziert, so dass jedes Element dieser Folge notwendige Bedingung seines Nachfolgers ist. Damit liegt bereits eine bemerkenswert reichhaltige Konzeption von Zeit vor. Eine Form der Zeitrichtung, nämlich die modalzeitliche Zeitrichtung, ist bereits eingeführt.

Erst an dieser Stelle geht Aristoteles zu einer weiteren Definition der Zeit über, die meist isoliert von ihren Voraussetzungen als sein zentrales Konzept von Zeit betrachtet wird:

Z3 Zeit und Zahl

„Dies nämlich ist die Zeit: Zahl einer Bewegung in Hinsicht auf das Vorher und Nachher. Die Zeit ist demnach nicht Bewegung, sondern Bewegung insofern sie eine Zahl aufweist ... Daher ist Zeit eine Art von Zahl. Aber ... wir bezeichnen als Zahl sowohl das, was gezählt wird und zählbar ist, als auch das, womit wir zählen. Zeit ist das, was gezählt wird, und nicht das, womit wir zählen."[77]

Diese Passage ist extensiv und kontrovers diskutiert worden. Die meisten InterpretInnen unterscheiden nicht zwischen dem Gezählten und dem Zählbaren. Sie neigen sogar dazu, die umfassende kontinuierliche Zeit als das Zählbare an-

---

77 Phys. 219b1–8.

zusehen.[78] Aber Zeit ist bis zu diesem Punkt nur als Zeitintervall der Form [J1,J2] eingeführt. Ferner wird der Text Z3 häufig als Bestimmung von Zeit als Maß (*metron*) von Bewegungen und damit als eine neue (objektive) Form von Zeit gedeutet.[79] Und sofern eingeräumt wird, dass für Aristoteles Zahl und Maß verschieden sind, wird zugleich betont, dass Aristoteles an dieser Stelle Zeit als Maß hätte definieren sollen, weil ansonsten die Bestimmung der Zeit als Zahl keinen Sinn macht.[80] Doch im Kontext von Z3 taucht der Ausdruck *metron* nicht auf, und dass Anzahlen bestimmter Einheiten voraussetzen, dass diese Einheiten messbare Größen sind, ist schlicht falsch. Bis zu diesem Punkt hat Aristoteles die Zeit-Intervalle ferner nirgends einer Gleichheitsbedingung unterworfen, wie es im Fall von Maßen und Messungen unbedingt der Fall sein müsste. Tatsächlich kommt Aristoteles erst an späterer Stelle der *Physik* auf die Einführung von Zeit als messbarer Größe zu sprechen und benutzt dabei auch den Ausdruck für Messen (*metrein*).[81] Die herkömmliche Interpretation von Z3 ist daher nicht korrekt.

Einige Interpreten greifen in ihrer Deutung von Z3 und Phys. 219b1–8 auf eine Unterscheidung zwischen einem dynamischen und einem statischen Zeitbegriff zurück, die bereits in der Spätantike von den Neoplatonisten Jamblich (um 300 n.Chr.) und Proklos (um 450 n.Chr.) vorgeschlagen wurde.[82] Der dynamische Zeitbegriff konzipiert Zeit als etwas Fließendes, der statische Zeitbegriff dagegen als etwas Starres. Die These ist, dass Aristoteles in Gestalt von VNJ, (Z1) und (Z2) den dynamischen Zeitbegriff und in Gestalt von (Z3) und den späteren Bemerkungen über Zeit als messbare Größe den statischen Zeitbegriff behandelt und damit darauf hinweisen will, dass Zeit diese beiden verschiedenen Formen aufweist.[83] Aristoteles bestreitet jedoch, wie wir gesehen haben, dass die Zeit fließt, und im Text von Phys. IV 10–14 gibt es keinerlei Indizien dafür, dass mit (Z3) ein gänzlich andersartiger Zeitbegriff eingeführt werden soll. Vielmehr tritt (Z3) als weitere Spezifikation des bisher eingeführten Zeitbegriffs auf. Gerade darin liegt eine Pointe der aristotelischen Zeit-Theorie, die der herkömmlichen Interpretation

---

78 Z.B. Coope 2008.
79 Vgl. z.B. Zeller 1963, 399; Annas 1975, Hussey 1993, xxxviii. Bostock 1980, 151 spricht hier von einem Quantum.
80 So haben bereits einige antike Kommentatoren argumentiert, siehe z.B. Simplicius *In Physicam Aristotelis* 789, 2–4; Plotinus Enneaden III.7.9.1–2.
81 Siehe Phys. 220b15–221a16.
82 Vgl. z.B. Sorabji 1983, Kap. 3.
83 Vgl. Miller, 1974, 145–147. Kretzmann, Sorabji 1976. Sorabji 1983 erkennt diese Unterscheidung als sinnvoll an, bestreitet aber, dass Aristoteles diese Unterscheidung getroffen hat. Ross in Aristotle 1960, 67, und Owen 1976, 15–16 schreiben Aristoteles ebenfalls ein dynamisches Konzept von Zeit zu, während Wieland 1962, 327 nur von einem statischen Konzept von Zeit bei Aristoteles ausgeht.

entgehen musste. Ursula Coope nimmt diese Pointe ansatzweise in den Blick, wenn sie den Unterschied zwischen beliebigem Zählen irgendwelcher Dinge und dem Zählen der Jetzt-Momente bzw. der Zeitintervalle betont: Folgen von Jetzt-Momenten sind im Gegensatz zu beliebige Anzahlen von Dingen gerichtet,[84] wie bereits oben in VNJ formuliert.

Wenn wir die Definition Z3 jedoch angemessen interpretieren wollen, ist es von zentraler Bedeutung, einen Aspekt zu berücksichtigen, dem bisher keine Beachtung geschenkt wurde: In der Bestimmung von Zeit als eine Art von Zahl geht es weder um das Zeit-Kontinuum im Ganzen noch um einzelne Zeit-Intervalle, sondern um Zeit als Folge von Zeitintervallen:[85]

Z4 Anzahl und Zeitintervalle
Sei FZ eine Folge von Zeitintervallen im Sinne von (Z1), dann
(i) weist ein endliches FZ eine bestimmte zählbare Anzahl von Zeitintervallen auf,
(ii) ist FZ potentiell unendlich fortsetzbar und somit potentiell unendlich zählbar.

Wenn wir daher die einander folgenden Zeitintervalle zählen, dann nicht einfach zum Beispiel durch die Zahlen 1, 2, 3, sondern durch die Zahlen „das erste, zweite, dritte ... Zeitintervall". Zahlen sind hier, in modernem Jargon formuliert, nicht Kardinalzahlen, sondern Ordinalzahlen.[86] Mit Hilfe von Ordinalzahlen nummerieren wir die Zeitintervalle,[87] und das heißt, dass wir zwischen der gerichteten Folge der Zeitintervalle und der Menge der natürlichen Zahlen eine mathematische 1–1-Abbildung (also eine umkehrbar eindeutige Funktion) herstellen. Die Menge der natürlichen Zahlen weist offenbar ein arithmetisches VN-Modell auf, das von Aristoteles unterstellt wird, weil es offensichtlich ist:

---

[84] Coope 2008, 91.
[85] In der Tat ist hier auf der elementarsten Ebene nicht, wie Coope behauptet, ein *counting of nows* im Spiel, sondern ein *counting of changes*. Das Jetzt und seine verschiedenen Manifestationen sind nach Aristoteles keine Komponenten der Zeit (Phys. 218a6–8). Wenn man zum Beispiel wie Bostock 1980, 152 von einer *duration* spricht, ist nicht ersichtlich, inwiefern eine *duration* eine Art von Zahl sein könnte.
[86] Siehe bereits den Hinweis bei Böhme 1974, 161. Ansonsten bleiben die Interpretatoren hier im Bereich der Kardinalzuahlen, auch wenn es um die Anzahl (*amount*, Bostock 1980, 153) geht.
[87] Nummerierung ist mehr als Zählen, Nummerierbarkeit mehr als Zählbarkeit (*numerability*, z. B. Bostock 1980, 161). Nur die Nummerierung hat die Struktur einer Richtung.

(VNA) Arithmetisches VN-Modell
(1) Sei N die Menge der potentiell unendlichen natürlichen Zahlen, so ist N durch den Startpunkt 1 sowie durch eine Nachfolger-Relation bestimmt: sei n eine gegebene natürliche Zahl, so lässt sich stets ihr Nachfolger n + 1 angeben.
(2) Die Nachfolger-Relation ist asymmetrisch. Für jedes Paar (n, n + 1) ist n das arithmetische Vorher, n + 1 das arithmetische Nachher.
(3) Im Sinne von (1) und (2) ist die Folge der natürlichen Zahlen und folglich jede Nummerierung arithmetisch gerichtet und irreversibel im starken Sinne.

Auf der Basis von (VNA) kann die aristotelische Definition von Zeit als Zahl folgendermaßen reformuliert werden:

(VNT) Temporales VN-Modell
Sei N die Menge der natürlichen Zahlen und FZ eine Folge von Zeitintervallen im Sinne von (Z1), so gilt:
(1) FZ ist potentiell unendlich fortsetzbar.
(2) FZ kann mit Ordinalzahlen gezählt (also nummeriert) werden.
(3) FZ kann 1–1-abgebildet werden auf N.
(4) Zählung bzw. Zählbarkeit von FZ erzeugen ein temporales VN-Modell auf FZ, derart, dass für jedes Paar von Zeitintervallen aus FZ das erste das temporale Vorher und das zweite das temporale Nachher ist.
(5) Die starke Irreversibilität von FZ wird durch das VNA-Modell mathematisch zum Ausdruck gebracht.
(6) FZ ist das Bild einer linearen Zeit im Ganzen.

Der Vorschlag ist zu sagen, dass VNT auf den Punkt bringt, was es für Aristoteles heißt, dass „Zeit eine Art von Zahl" ist. Es ist allerdings wichtig, den Status und die Rolle von (VNT) im Rahmen der aristotelischen Zeit-Theorie genauer zu beschreiben. (VNT) tritt erstens im Text Z3 nicht als gänzlich andersartiger Zeitbegriff auf, sondern als weitere sukzessive Ergänzung der bisherigen Komponenten der Zeit-Theorie. Zweitens enthält (VNT) Kriterien für das Vorliegen des temporalen VN-Modells, die von objektiver Art sind (Nummerierung), und stellt daher eine Grundlage für die Einführung von Zeit als messbarer Größe dar. Genauer formuliert ist für Aristoteles auch schon die Einführung des auf die Präsenz (das Jetzt) bezogenen Zeitbegriffs eine Grundlage für die Bestimmung der Zeit als messbarer Größe. (VNT) ist eine weitere derartige Grundlage, ein Zwischenglied zwischen subjektiver und objektiver Zeit. Drittens enthält (VNT) den Hinweis auf eine weitere Form der Richtung von Zeit, die nicht an der modal-zeitlichen Ordnung, sondern am Prozess der asymmetrischen Nummerierung und der asymmetrischen Nachfolger-Relation in der Definition der natürlichen Zahlen orientiert ist und somit auf eine Früher-Später-Relation zurückgreift.[88] Und viertens wird erst in (VNT) das Zeit-Kontinuum im Ganzen in den Blick genommen, allerdings nicht im Sinne einer potentiell unendlich fortsetzbaren Reihe von Zeitpunkten, sondern von Zeit-Intervallen.

Zeit und Maß

An vielen Stellen behauptet Aristoteles, dass Zeitintervalle auch für Messungen benutzt werden können, und zwar von Bewegungen und bewegten Dingen.[89] Das heißt, dass Zeit-Intervalle Bewegungsphasen messen können, und auch umgekehrt.[90] In diesem Sinne ist die Zeit das Maß (*metron*) der Bewegung.[91] Dafür müssen Zeit-Intervalle einen einheitlichen Maßstab aufweisen, was zumindest lokale Uhren voraussetzt (vgl. (Z1)).[92]

Was heißt es genauer, dass sich Zeit-Intervalle und Bewegungsphasen gegenseitig messen? In Phys. VI 2 überlegt Aristoteles: Angenommen, A bewegt sich schneller als B, dann gilt:

(a) A durchläuft mehr Länge in derselben Zeit, und
(b) A durchläuft dieselbe Länge in weniger Zeit.[93]

Betrachten wir nach modernem Jargon die Geschwindigkeit als Raumlänge dividiert durch Zeit, dann laufen (a) und (b) auf die drei klassischen Formeln (i) $V = S/T$, (ii) $S = V \cdot T$ und (iii) $T = S / V$ hinaus, in denen sich die drei Parameter gegenseitig definieren.

Am Ende seiner Zeit-Theorie in Phys. IV 14 weist Aristoteles kurz darauf hin, wie sich eine Maßeinheit für Zeit-Intervalle finden lässt:

Z5 Zeit und Messung

„Es gibt jetzt und auch sonst Bewegung, so dass es eine Zahl jeder dieser Bewegungen geben dürfte und ihre Zeit jeweils etwas anderes ist ... Oder nicht? Die Zeit ist nämlich eine – die

---

[88] Die modalzeitliche Zeitauffassung ist dennoch implizit in VNT enthalten, weil sie in der Erklärung von Zeitintervallen enthalten ist, auf die die VNT-Struktur zurückgreift.
[89] Phys. 220b15–16.
[90] Phys. IV 220b14–221a16; 223b12–224a2.
[91] Phys. 221b7, b25–26.
[92] Metaph. 1052b19–31, 1053a15–18, 1053b35–1054a12.
[93] Phys. 232a23–233a21.

gleiche und zugleich, und wenn nicht eine zugleich, so doch der Form nach zugleich ... Die Zeit ist überall dieselbe ... Und wenn Zeit durch Bewegung und Bewegung durch Zeit gemessen wird und in allen Dingen von derselben Sorte <sc. wie etwa Bewegung und Zeit> das Erste das Maß aller Dinge von derselben Sorte ist, dann ist die gleichförmige zirkuläre Bewegung das Maß <sc. von Bewegung und Zeit> ... denn die anderen Bewegungen und Zeit werden durch die Bewegung der Himmelssphären gemessen[94] ... Die Zeit ist dieselbe für alle Bewegungen, die zusammen eine gemeinsame Grenze erreichen, auch wenn vielleicht die eine schnell und die andere langsam ist".[95]

Zeit als messbare Größe wird also im Blick auf gleichförmige periodische Vorgänge definiert, und hier sind die kreisförmigen periodischen Bewegungen der Himmelskörper die entscheidende Grundlage. Aristoteles gibt dafür in *Physik* IV keine Begründung an,[96] weil sie für die damals philosophisch Gebildeten auf der Hand lag: die Himmelskörper sind Götter und bewegen sich daher nicht nur periodisch, sondern auf ewig auch gleichförmig. So kann das Zirkularitätsproblem jeder Einführung messbarer Größen umgangen werden (welches darin besteht, dass messbare Größen einen Maßstab benötigen, der sich nicht verändert, dass dies aber nur dann festgestellt werden kann, wenn das Maß bereits verfügbar ist[97]).

Aristoteles deutet aber auch an, dass die unterschiedlichen Himmelskörper sich zwar gleichförmig periodisch, aber nicht mit denselben Geschwindigkeiten bewegen. In diesem Fall müssen verschiedene Perioden identifiziert werden, die sich immer nach einer gewissen Zeit stets an einem Punkt treffen. Dieser Hinweis bezieht sich zweifelsfrei auf die Bemühungen der damaligen mathematischen Astronomie, das Kalenderproblem zu lösen. Tatsächlich fand man, wie bereits oben im Abschnitt über Zeit bei Platon bemerkt, eine solche Superperiode, die ein gemeinsames Vielfaches aller verschiedenen beobachtbaren Perioden von Himmelskörpern (Planenten eingeschlossen) darstellt. Platon nennt diese Superperiode vollkommenes Jahr[98] und beziffert sie auf ein Zeitintervall zwischen acht und neun Jahren (nach heutiger Zeitrechnung).

Wir können abschließend als letzte These der aristotelischen Zeit-Theorie festhalten:

---

[94] Phys. 223b12–23.
[95] Phys. 223b6–8.
[96] In De Cealo II 6 und Phys. VIII 10, 276a21–b9 präsentiert Aristoteles Gründe für die Uniformität der Bewegung der Fixsternsphäre.
[97] Vgl. Stegmüller 1970, 69–93.
[98] Timaios 39e.

Z6 Objektive Zeit: Zeit als generelles Maß
(a) Die subjektive, an Jetzt-Momenten orientierte Festlegung von Zeit-Intervallen gemäß (Z1) – (Z5) wird in eine objektive Zeit, die überall gilt, überführt, indem die Zeit als messbare Größe eingeführt wird.
(b) Grundlage dafür sind die periodischen Bewegungsphasen von Himmelskörpern, die durch Rückgriff auf Jetzt-Momente und Nummerierung in gleichlange astronomische Zeitintervalle transformiert werden. Dabei spielt (Z5) eine grundlegende Rolle.
(c) Die astronomischen Zeitintervalle und ihre Unterabschnitte werden unter Zuhilfenahme der empirischen und mathematischen Astronomie[99] als messbare zeitliche Größen festgelegt.
(d) Diese Festlegung ist für alle Menschen gleichförmig, weil sie an die Beobachtung und Berechnung astronomischer Zeitintervalle gebunden ist.

Die Logik der aristotelischen Zeit-Theorie

Der Lesart zufolge, die in der voranstehenden Analyse herausgearbeitet worden ist, entwickelt Aristoteles seine Zeit-Theorie nicht in einer einfachen logischen Form, das heißt durch sukzessive Deduktion aus vorausgesetzten Axiomen. Vielmehr führt er eine Reihe von Definitionen der sogenannten Vorher-Nachher-Strukturen (VN-Modelle) ein, derart dass für je zwei einander folgende VN-Modelle VN und VN* das Modell VN eine notwendige Bedingung von VN* und VN* eine logische Spezialisierung von VN ist. Dadurch werden die aufgelisteten Definitionen immer reichhaltiger, weil die früheren Definitionen in die späteren Definitionen eingehen, und am Ende wird auf diese Weise eine sehr inhaltsreiche Zeit-Definition erreicht. Damit ist bereits eine minimale Argumentationslogik der aristotelischen Zeit-Theorie nachgewiesen. Doch lässt sich diese Logik noch genauer analysieren.

Zunächst ist zu bedenken, dass es zwei verschiedene Formen der logischen Spezialisierung gibt. Die erste Form ist eine logische Allspezialisierung. Das bedeutet: Wenn VN2 eine logische Allspezialisierung von VN1 ist, dann erfüllen alle Elemente, die die Definition von VN1 erfüllen, auch die Definition von VN2, aber nicht umgekehrt. In den meisten Fällen kann VN2 dadurch generiert werden, dass dem Definiens von VN1 eine weitere Eigenschaft hinzugefügt wird. Sei DH beispielsweise die Definition des Menschen, dann kann die Definition DH* von Frauen dadurch generiert werden, dass dem Definiens von DH die Eigenschaft,

---
[99] Siehe Plat. Rep. VII, 527d – 530c und oben, Abschnitt *Zeit bei Platon*.

weiblich zu sein, hinzugefügt wird. DH* ist dann eine logische Allspezialisierung von DH. Beispielsweise haben wir gesehen, dass das VN-Modell des Raumes eine logische Allspezialisierung des generellen VN-Modells ist.

Die zweite Form der logischen Spezialisierung besteht darin, dass ein Terminus t, der im Definiens einer gegebenen Definition DH auftaucht, durch das Definiens t* einer Definition DH* von t substituiert wird. Wenn wir zum Beispiel den Menschen als rationales Tier definieren, das auf zwei Füßen geht (DH), und wenn wir die Eigenschaft, rational zu sein, definieren als logisch zu denken und altruistisch zu handeln (DH*), dann können wir den Terminus „rational" in DH substituieren durch den Terminus „logisch denken und altruistisch handeln" und gelangen zu der Definition DH**, dass der Mensch ein Tier ist, dass logisch denkt, altruistisch handelt und auf zwei Füßen geht. Dann ist DH** eine logische Spezialisierung von DH. Wie wir oben gesehen haben, ist zum Beispiel das kinetische VN-Modell eine logische Spezialisierung des räumlichen VN-Modell und das temporale VN-Modell eine logische Spezialisierung des kinetischen VN-Modells in diesem zweiten Sinne.

Ferner ist, wenn VN2 eine logische Spezialisierung von VN1 ist, VN1 eine notwendige Bedingung von VN2 und somit VN2 eine hinreichende Bedingung von VN1, weil jede Instanziierung von VN2 auch eine Instanziierung von VN1 ist, aber nicht umgekehrt (wie bereits bemerkt). Daraus folgt, dass für jedes Paar (VN1, VN2) in der Serie von VN-Modellen, die von Aristoteles angeführt wird, VN1 Priorität gegenüber VN2 aufweist exakt im Sinne von (VNG). Wenn wir bedenken, dass alle VN-Modelle aus bestimmten Definitionen bestehen, dann folgt, dass wir die genannte Serie von VN-Modellen auch beschreiben können als eine Serie von Definitionen, derart dass für jedes Paar (D1, D2) in dieser Serie D2 eine logische Spezialisierung von D1 ist. Wenn wir mit Aristoteles annehmen, dass jede Definition D aus einem Definiendum D* und einem Definiens D** besteht derart dass D* = D**, dann folgt, dass für jedes Paar (D*1, D*2) D*2 eine logische Spezialisierung von D*1 und für jedes Paar (D**1, D**2) D**2 eine logische Spezialisierung von D**1 ist. Angenommen, wir etablieren auf diese Weise eine endliche Serie von VN-Modellen als Definitionen, die mit VN1 (= D1) beginnt und mit VNE (= DE) endet, dann enthält DE die semantischen Gehalte aller vorhergehenden Definitionen und weist daher selbst einen reichen semantischen Gehalt auf.

Es ist verblüffend und aufschlussreich, dass diese Prozedur von Aristoteles selbst als eines der Beispiele für das generelle VN-Modell (VNG, nachobiger Bezeichnung) betrachtet zu werden scheint. Denn er bemerkt:

„Die Dinge, die der Formel nach Priorität aufweisen, sind verschieden von denjenigen Dingen, die der Wahrnehmung nach Priorität aufweisen. Denn in Hinsicht auf die Formel weisen die allgemeinen Dinge Priorität <sc. gegenüber den speziellen Dingen> auf, aber in

Hinsicht auf die Wahrnehmung <sc. sind es> die speziellen Dinge <sc. die Priorität gegenüber den allgemeinen Dingen aufweisen> ..., denn die Formel kann nicht ohne den Teil existieren[100] ... In Hinsicht auf die Formel weisen diejenigen Dinge Priorität auf, aus deren Formeln die Formeln anderer Dinge zusammengesetzt sind."[101]

Der Terminus „Formel von X" (*logos*) bezieht sich in diesen Passagen auf die Definition von X, genauer auf das Definiens dieser Definition. So spricht Ross in seinem Kommentar zu dieser Stelle über „the prior in respect of definitions, e. g. the universal against the particular."[102] Aristoteles' Bemerkungen über das Ganze und die Teile in Definitionen können ohne Probleme auf die Logik der Spezialisierung bezogen werden. Betrachten wir beispielsweise die folgenden drei Definitionen:

D1 Mensch := Rationales Tier.
D2 Mensch := Rationales politisches Tier.
D3 Mensch:= Rationales politisches Tier, das auf zwei Füßen geht
(wobei die Formel X:=Y bedeutet, dass X durch Y definiert wird und folglich X das Definiendum, Y das Definiens der Definition ist).

Dann ist D2 eine logische Spezifikation von D1 und D3 eine logische Spezifikation von D2, und D1 ist eine notwendige Bedingung für D2 und D2 ist eine notwendige Bedingung für D3. Ferner sind etwa in D2 rational, politisch und Tier (semantische) Teile von Mensch, und in der Reihe D1, D2, D3 nimmt der Terminus „Tier" einen zunehmend reichen semantischen Gehalt an. Wie die soeben zitierte Passage zeigt, behauptet Aristoteles, dass in diesem Beispiel D1 Priorität gegenüber D2 und D2 Priorität gegenüber D3 aufweisen, und zwar exakt im Sinne des VN-Modells (VNG). Und schließlich können zwar weder D2 aus D1 noch D3 aus D2 logisch deduziert werden, aber D1, D2, D3 bilden eine Reihe logisch konsistenter Sätze, insofern sie durch die transitiven Relationen „x ist notwendige Bedingung von y" und „x weist gegenüber y Priorität auf" miteinander verbunden sind. Da zum Beispiel D1 Priorität gegenüber D2 und D2 Priorität gegenüber D3 aufweist, weist auch D1 Priorität gegenüber D3 auf. Die Priorität, von der hier die Rede ist, genügt zwar, wie bereits bemerkt, dem allgemeinen VN-Modell (VNG), aber stellt zugleich ein spezifisches Beispiel dieses Modells dar, das von Aristoteles in der soeben zitierten Passage „Priorität der Formel nach" genannt wird, also auch als

---

[100] Cf. Metaph. V 11, 1018b36 – 7 und Bowin 2009, 42 – 44.
[101] Cf. Metaph. XIII 2, 1077b2 – 5.
[102] Cf. Ross in Aristotle 1955 Vol.1, 316 und ibid. Vol. 2, 411 wo Ross erneut *logos* als Definition interpretiert.

definitorische Priorität beschrieben werden kann. Die Logik der VN-Modelle, die Aristoteles in seiner Theorie der Zeit präsentiert, ist demnach nicht durch logische Deduktion bestimmt, sondern durch transitive definitorische Priorität.

Dennoch enthält diese Logik auch logische Deduktionen, die sich sogar syllogistisch rekonstruieren lassen – nur nicht sukzessive logische Deduktionen der Art D1 ⊢ D2, D2 ⊢ D3. Vielmehr gilt offenbar umgekehrt D3 ⊢ D2, D2 ⊢ D1. Wenn wir zum Beispiel die Definientia der Definitionen D1, D2 und D3 betrachten, also

    D1* = rationales Tier,
    D2* = rationales politische Tier,
    D3* = rationales politisches Tier, das auf zwei Füßen geht,
    dann können wir diese logischen Deduktionen auch syllogistisch darstellen, nämlich durch
    D3* a D2*, D2* a D1* ⊢ D3* a D1*, was ein logisch gültiger Barbara-Syllogismus ist
(wobei die Formel XaY besagt, dass X allen Y zukommt, das heißt, dass jedes Y ein X ist).

Doch, wie oben gezeigt, sind die VN-Modelle in der aristotelischen Theorie der Zeit manchmal durch eine andere Form der logischen Spezifikation verbunden, die im Kern darin besteht, dass wir einen Teil des Definiens eines gegebenen VN-Modells durch das Definiens eines vorhergehenden VN-Modells ersetzen.

Angenommen zum Beispiel, wir konstruieren folgende Definitionen D1 und D2:
- D1 Vernünftig sein := logisch denken und tugendhaft leben.
- D2 Mensch := vernünftiges Tier, das auf dem Land lebt.

Dann ist nach Aristoteles D1 das definitorische Vorher und D2 das definitorische Nachher. Offensichtlich kann D2 nicht aus D1 logisch deduziert werden. Vielmehr lässt sich D1 als notwendige Bedingung für D2 betrachten, weil wir D1 in D2 einarbeiten können und dadurch übergehen können zu
- D3 Mensch := logisch denkendes und tugendhaft lebendes Tier, das auf dem Land lebt.

Die Mensch-Definition D3 ist offensichtlich reicher und genauer als die Mensch-Definition D2, weil D3 darauf beruht, dass D1 in D2 eingearbeitet wird. Was wir jedoch zusätzlich unmittelbar erkennen können, ist, dass D3 aus D1 und D2 strikt logisch folgt. Denn wenn X := Y eine Definition ist und wenn Satz 1 den Ausdruck „X" enthält und wir aus S1 einen Satz S2 dadurch gewinnen, dass wir in Satz 1 „X" durch „Y" substituieren, dann folgt S2 logisch aus S1. Das heißt, in diesem Fall gilt die logische Deduktion D1, D2 ⊢ D3. Insofern enthält die Argumentationsstruktur der aristotelischen Zeit-Theorie immer wieder auch logische Deduktionen, in denen schon etablierte Definitionen als jeweilige Prämissen dienen. Wenn jeweils immer wieder eine neue Prämisse hinzugefügt wird, dann lässt sich eine längere Reihe von Deduktionen generieren:

(a) D1, D2 ⊢ D3
(b) D3, D4 (neu) ⊢ D5
(c) D5, D6 (neu) ⊢ D7, usw.

Jede dieser Zeilen (a)–(c) enthält einen logisch gültigen Schluss. Dafür müssen allerdings immer wieder auch neue Prämissen (in Gestalt empirischer Allsätze) eingefüttert werden, im obigen Schema D4 und D6.

Die aristotelische Zeit-Theorie ist also „durchschossen" von logischen Deduktionen, doch handelt es sich nicht einfach um eine Definitionsreihe der Form

$$D1 \vdash D2 \vdash .... \vdash D_n.$$

Doch lässt sich auch diese zweite Form der logischen Spezifikation syllogistisch rekonstruieren? Das ist nicht ohne Weiteres ersichtlich, denn die zweite Form der logischen Spezifikation beruht, wie bereits gezeigt, auf einer Art von Substitutionsaxiom, das in der aristotelischen Syllogistik nicht explizit adressiert und bewiesen wird. Doch zumindest lässt sich zeigen, dass dieses Axiom mit syllogistischen Mitteln bewiesen werden kann, auch wenn dieser Beweis in der aristotelischen Syllogistik (also im Text der *Analytica Priora*) nicht vorkommt. Hier ist der Beweis:

Prinzip der definitorischen Substitution: C:= (A und D), A:= B ⊢ C:= B und D.
Syllogistischer Beweis:
(1) A:= B ⊢ AaB und BaA
(2) C:= (A und D) ⊢ (C a (A und D)) und ((A und D) a C)
(3) (C a (A und D)) und A a B ⊢ C a (B und D)
(4) B a A und ((A und D) a C) ⊢ (B und D) a C
(5) (C a (B und D)) und ((B und D) a C) ⊢ C:= B und D.

Damit ist die Logik der aristotelischen Zeit-Theorie, also die logischen Beziehungen der sukzessiv präsentierten VN-Modelle, syllogistisch entschlüsselt. Wie oben erläutert, unterstellen viele moderne Interpreten, dass Aristoteles das Ziel hatte, eine Reihe $VN_1, VN_2 .... VN_n$ von VN-Modellen zu entwickeln, derart dass gilt $VN_1 \vdash VN_2 \vdash .... \vdash VN_n$. Und dann werfen diese Interpreten Aristoteles vor, dass die Deduktionsreihe $VN_1 \vdash VN_2 \vdash .... \vdash VN_n$ in Wahrheit keine logisch gültigen Deduktionen enthält. Doch es ist falsch anzunehmen, dass Aristoteles das genannte Ziel verfolgte. Vielmehr sagt er selbst, dass er eine Reihe $VN_1, VN_2 \ldots VN_n$ von VN-Modellen entwickeln will, derart dass für jedes sukzessive Paar (VN_i, VN_j) VN_i definitorische Priorität gegenüber VN_j aufweist. Und wir haben gezeigt, dass die Ordnung von Satzreihen unter der Relation „x weist definitorische Priorität gegenüber y auf" logisch konsistent ist und auch logisch gültige Deduktionen involviert, allerdings nicht in Gestalt der Reihe $VN_1 \vdash VN_2 \vdash \ldots \vdash VN_n$.

Konklusion

Vor einigen Jahren hat die Philosophin Karen Gloy in einem Vortrag behauptet, dass die Vorstellung einer linearen, gerichteten Zeit eine Entdeckung der Frühen Neuzeit sei, und dass frühere Kulturen, einschließlich der klassischen griechischen Kultur, von der Idee einer zyklischen Zeit ausgingen. Damit gibt Gloy eine verbreitete Auffassung wieder.[103] Tatsächlich ist diese Diagnose von einigen spezielleren Arbeiten bestätigt worden, beispielsweise für das frühe Indien oder die Vorstellungswelt der hebräischen Bibel.[104] In der vorsokratischen Philosophie spricht Empedokles an zwei Stellen von der „umlaufenden Zeit" – ein Ausdruck, der auf einen zyklischen Zeitbegriff hindeutet.[105] Empedokles scheint den zyklischen Zeitbegriff unmittelbar mit seiner Auffassung von der ewigen zyklischen Wiederkehr des Gleichen, also vom zyklischen Verlauf des Kosmos, verknüpft zu haben.[106] Dasselbe gilt für die Pythagoreer[107] und für Eudemos, einen Zeitgenossen von Aristoteles und Aristoxenos, der sich ausdrücklich auf die Pythagoreer bezieht.[108] Platon deutet (ein wenig unvorsichtig) an, dass Zeit das Wandern der Sterne ist,[109] und in seiner Akademie scheint die Auffassung verbreitet gewesen zu sein, dass die Zeit die Bewegung der Sonne ist.[110] Auch Aristoteles bemerkt, dass einige Philosophen die Zeit mit der Bewegung des Kosmos (gemeint ist wahrscheinlich Platon) oder der Himmelssphäre, also des Fixsternhimmels (ge-

---

103 Vgl. Gloy 2013.
104 Vgl. Thapar 2005. Brettler 2004.
105 Frg. 31 B17, 8 und 110, 8 Diels-Kranz.
106 Vgl. Barnes 1979 Vol. I, 201 f. Siehe auch Lucas 2018 § 9: Cyclic Time (der Autor kritisiert hier die Idee der zyklischen Zeit aus systematischen Gründen).
107 Vgl. Diels-Kranz 58 B33.
108 Eudemus apud Simplicius, In Aristotelis Physicarum Commantaria 732, 30 (58 B234 Diels-Kranz).
109 Plat., Timaios 39d.
110 Ps.-Plat., Definitionen 411b.

meint sind wahrscheinlich die Pythagoreer) identifiziert haben.[111] Aus der Identifizierung von zyklischen Bewegungen mit der Zeit scheint die Idee der zyklischen Zeit unmittelbar zu folgen. So geht auch Aristoteles davon aus, dass „Zeit herkömmlicherweise als Bewegung betrachtet wird"[112] – nur um diese Auffassung sogleich zu widerlegen, vor allem mit dem Hinweis, dass nicht die Zeit schneller oder langsamer ist, sondern die durch die Zeit gemessene Bewegung.[113] Daher darf Aristoteles zufolge die Zeit nicht mit irgendeiner Bewegung identifiziert werden.[114] Die vorstehende Lesart der aristotelischen Theorie der Zeit weist darüber hinaus im Detail nach, dass Aristoteles, wie bereits Platon (abgesehen von einer unvorsichtigen Bemerkung) weit davon entfernt war, einer zyklischen Vorstellung der Zeit das Wort zu reden.

Vor allem aber haben wir festgestellt, dass Aristoteles mit seiner Theorie der Zeit keineswegs eine reduktionistische Strategie verfolgt, die alle grundlegenden Eigenschaften der Zeit aus Eigenschaften von Raum und Bewegung zu deduzieren versucht; vielmehr präsentiert er seine Zeit-Theorie in Gestalt einer logisch konsistenten Folge von Theoremen, die nicht axiomatisch-deduktiv, sondern nach definitorischer Priorität geordnet und daher eine sukzessive Spezialisierung und theoretische Anreicherung ist, derart dass die früheren Komponenten definitorisch in die späteren Komponenten eingehen und deren logische Voraussetzungen darstellen (gegen Einwand (1)[115]). Diese spezifische logische Ordnung ist eine der wesentlichen Bedingungen dafür, dass Aristoteles eine einheitliche Theorie der Zeit zu entwickeln vermag, die auf raffinierte Weise die subjektive Zeit (die modalzeitliche Ordnung) und die objektive Zeit (die lagezeitliche Ordnung) zusammenführt und grundlegende Voraussetzungen der objektiven Zeit als Maß freilegt (gegen Einwände (2) und (6)). Dabei erläutert er die Irreversibilität jeder Folge von Zeitintervallen durch Hinweis auf die Asymmetrie von Vergangenheit und Zukunft sowie durch ihre 1–1-Abbildung auf die Menge der natürlichen Zahlen (gegen Einwand (3)). Aus phänomenologischer und physikalischer Sicht muss Aristoteles darauf bestehen, dass die Bewegung gegenüber der Zeit, und somit die Kinematik gegenüber der Zeit-Theorie, ontologische bzw. theorie-strategische Priorität besitzt (gegen Einwand (4)). Im Zentrum seiner modalzeitlichen Zeitvorstellung steht das Konzept des Jetzt, das durchaus näher erläutert und

---

111 Vgl. Phys. 218a31–b1.
112 Phys. 218b9.
113 Phys. 218b10–21.
114 Phys. 219a9–10.
115 Die im Folgenden genannten Einwände beziehen sich auf jene sieben Einwände, die oben im Abschnitt zum *Received View* der Forschung über die aristotelische Zeit-Theorie aufgezählt wurden.

letztlich an die Phänomenologie der Wahrnehmung von Präsenz gebunden wird (gegen Einwand (5)). Mit seinem Konzept lokaler Uhren macht er einen ernstzunehmenden Vorschlag, wie der objektive metrische Zeitbegriff aus seinem modalen, ordinal-numerischen Zeitbegriff entwickelt werden kann. Dabei weist er immer wieder darauf hin, dass Bewegungsphasen und Zeitintervalle einerseits von kognitiven Aktivitäten abhängig sind und dass diese kognitiven Aktivitäten andererseits zugleich, und auf konsistente Weise, selektiv Strukturen herausgreifen, die unabhängig von menschlicher Kognition ontologisch bereits vorliegen (gegen Einwand (7)).[116]

Damit ist gezeigt, dass alle sieben Einwände moderner Interpreten gegenüber der aristotelischen Zeit-Theorie, die oben aufgelistet wurden, unzutreffend sind.

Insgesamt scheint Aristoteles von zehn zeit-theoretischen Grundsätzen auszugehen:

(A1) Die Zeit kann aufgefasst werden
    (a) als Kombination aus den zeitlichen Modi Vergangenheit, Gegenwart und Zukunft aufgrund der Zuschreibung von Jetzt-Momenten,
    (b) als Nummerierung von potentiell unendlichen Zeitintervallen,
    (c) als gemessenes, metrisch organisiertes Ordnungsschema von Bewegungsphasen, unter Verwendung von lokalen Uhren bis hin zu einem allgemeinen Kalender.
(A2) Aus phänomenologischer und physikalischer Sicht weist die Bewegung gegenüber der Zeit, und somit die Kinematik gegenüber der Zeit-Theorie, ontologische und logische Priorität auf. Zeit ist ein Aspekt an Bewegungen.
(A3) Die Rede vom Fließen oder Vergehen der Zeit ist irreführend. Die Zeit ist vielmehr ein Ordnungsschema für kinematische Prozesse. Die modalzeitliche Ordnung involviert allerdings eine Wanderung des Jetzt.
(A4) Aus (A1)–(A3) folgt, dass die Zeit, genauer betrachtet, nicht wahrgenommen werden kann. Die sogenannte Wahrnehmung der Zeit ist vielmehr eine Wahrnehmung von Bewegungen bestimmter Dinge in Raum und Zeit.

---

116 Ein Vergleich der aristotelischen Zeit-Theorie mit Platons Analyse der Zeit (siehe oben, Abschnitt *Zeit bei Platon*) zeigt, dass die allgemeine Kontur der aristotelische Zeit-Theorie bereits in Platons Überlegungen angelegt ist, zum Beispiel die Unterscheidung zwischen modalzeitlicher und lagezeitlicher Ordnung als „Form" und „Teile" der Zeit, die Zählbarkeit der Zeitintervalle und die Zeit als unendliche Folge von Zeitintervallen.

(A5) Die Zeit-Konzeption (A1)(c) muss auf die Zeit-Konzeption (A1)(b) zurückgreifen, und die Zeit-Konzeption (A1)(b) muss auf die Zeit-Konzeption (A1)(a) zurückgreifen.

(A6) Zeit im Sinne von (A1)(a) ist nicht subjektiver oder weniger objektiv als die Zeit im Sinne von (A1)(b), und dasselbe gilt für Zeiten im Sinne von (A1)(b) und A1(c). Dies folgt schon aus (A5). Zudem sind die kognitiven Aktivitäten, die zur Zeitkonzeption (A1)(a) führen, epistemologisch verlässlich und bilden folglich einen Aspekt der Realität ab.

(A7) Die theoretische Entwicklung der Zeit-Theorie erfolgt in Gestalt einer Reihe von verschiedenen Modellen des Vorher und Nachher, derart dass für jedes Paar [M1, M2] in dieser Reihe M1 eine notwendige, aber nicht hinreichende Bedingung für M2 ist und M2 eine logische Spezialisierung von M1 ist.

(A8) Alle Modelle der Zeit-Theorie beschreiben bestimmte Strukturen, derart dass für jedes Paar [M1, M2] von Modellen M1 und M2 partiell strukturgleich (partiell isomorph) sind und daher alle diese Modelle partiell partiell isomorph zueinander sind.

(A9) Die systematischen Beziehungen zwischen dem subjektiven Zeitbegriff (A1)(a) und dem objektiven Zeitbegriff (A1)(c) sind
(a) der numerische Zeitbegriff (A1)(b),
(b) die logische Beziehung zwischen (A1)(a) und (A1)(c), sowie
(c) die partielle Isomorphie zwischen (A1)(a) und (A1)(c).

(A10) Zeit ist eine potentiell unendliche, nummerierbare Reihe von Zeitintervallen. Diese Konzeption von Zeit ist eine wichtige Voraussetzung der Etablierung von systematischen Beziehungen zwischen subjektiver und objektiver Zeit.

Teil II **Subjektive und objektive Zeit in
der modernen Zeittheorie**

Vorbemerkung

Im Folgenden soll die Unterscheidung zwischen subjektiver und objektiver Zeit in modernen Zeit-Theorien untersucht und kritisch geprüft werden. Am Ende dieser Untersuchung stellt sich heraus, dass es gute systematische Gründe dafür gibt anzunehmen,
- dass der traditionelle Dualismus von Subjektivität und Objektivität unhaltbar ist,
- dass daher auch die herkömmliche scharfe Dichotomie von subjektiver und objektiver Zeit abgeschwächt werden muss, und
- dass somit die aristotelischen Intuitionen (A1) – (A10) in neuer Form wieder aufgenommen werden können,
- wobei es sich allerdings nur um eine Zeit-Theorie handelt, die für das Bezugssystem Erde und den Bereich mittlerer Größen gilt.

Metaphysik der Zeit

Mit den Grundsätzen (A1), (A2) und (A3) skizziert Aristoteles seine Metaphysik der Zeit. Unter modernen Zeit-Theoretikern werden hautsächlich drei metaphysische Positionen vertreten: Eternalismus, Präsentismus und Possibilismus.

Die Eternalisten glauben, dass der zeitliche Wandel nicht zur ontologischen Grundausstattung gehört. Sie fragen sich, was Aussagen über zeitliche Ereignisse wie „Mozart starb im Jahre 1791" wahr macht. Nun, offenbar die Tatsache, dass Mozarts Tod in das Jahr 1791 fällt. Und diese Tatsache gehört zur Welt, unabhängig davon ob wir vor 1791, in 1791 oder nach 1791 darüber reden. Sie ist unabhängig sowohl von der modalzeitlichen als auch von der lagezeitlichen Ordnung. Dies gilt auch für Aussagen über die Zukunft. Tatsachen existieren in permanenter Gegenwart. Und das gilt dann auch vom Universum als Ansammlung aller Tatsachen. Das ist die Vorstellung vom sogenannten Blockuniversum (*block universe theory*), die bei vielen Physikern gut ankommt.[117] Dies gilt umso mehr, als die quantentheoretischen Grundgesetze der modernen Physik keine eindeutige Zeitrichtung ausweisen. Die Tendenz, die sich neuerdings abzeichnet (und deren Details den Rahmen dieses Essays sprengen würden), geht dahin, dass sich die Zeit aus den Grundlagen der Physik emanzipiert, wie ein Experte kürzlich formuliert hat.[118]

---

117 Vgl. z. B. Peterson, Silberstein 2010; Isham, Polkinghorne 1993.
118 Stöckler 1994, 40.

Der Präsentismus geht davon aus, dass weder das Vergangene existiert, da es Geschichte ist, noch die Zukunft, da sie noch vor uns liegt (*presentism*). Das Einzige, was existiert, ist das Gegenwärtige, das Sein in Präsenz, das sich ständig verschiebt. Der Possibilismus betrachtet die Relation von Vergangenheit und Zukunft als asymmetrisch. Im Verlauf der Wanderung des Jetzt wächst der Block vergangener realer und unveränderlicher Ereignisse ständig (*growing (evolving) block theory*).[119] Präsentismus und Possibilismus greifen offensichtlich auf die modal-zeitlich Ordnung zurück und respektieren den zeitlichen Wandel als grundlegenden Bestandteil der Welt.[120]

Diese drei Position sehen sich allerdings bislang schwerwiegenden Problemen ausgesetzt.[121]

Präsentisten und Possibilisten gehen von einer ausgezeichneten metaphysischen Stellung der Gegenwart und damit auch der Gleichzeitigkeit aus und geraten durch die Relativitätstheorie in Schwierigkeiten, aus der folgt, dass verschiedene physikalische Bezugssysteme unterschiedliche Ereignisse als gegenwärtig klassifizieren. Die Eternalisten stehen vor dem bislang ungelösten Problem, erklären zu müssen, wie die unbestreitbare irreversible Zeitrichtung in die Welt kommt. Hauptsächlich sind drei Erklärungen angeboten worden: die intrinsisch gerichtete Kausalität, die thermodynamische Zunahme der Entropie, und die leichte Inhomogenität der Energieverteilung im Zuge des Urknalls. Viele Theoretiker bezweifeln jedoch eine ausgezeichnete Richtung der Kausalität[122] und weisen auf lokale Systeme hin, in denen die Entropie abnimmt.[123] Daher wird der Verweis auf den Urknall meist als bisher beste Lösung gehandelt. Diese Lösung verlegt den Ursprung des Zeitpfeils in eine Randbedingung des Universums und ist daher mit der Eliminierung des Zeitpfeils aus den quantenmechanischen Grundgesetzen gut vereinbar.

Aus Sicht der führenden modernen Zeittheorien steht die Zeit-Auffassung von Parmenides, Zenon und Platon offensichtlich dem Eternalismus nahe. Aristoteles

---

[119] Vgl. z. B. Ellis 2014.
[120] Vgl. Sieroka 2018, 17–21.
[121] Vgl. dazu Stöckler 1993, 1994, 1995, 2006, Sieroka 2018.
[122] So wird der Kausalbegriff im Rahmen der Relativitätstheorie meist so definiert: Zwei Ereignisse sind kausal miteinander verbunden genau dann, wenn sie raumzeitlich zusammenfallen oder ohne Überschreitung der Lichtgeschwindigkeit miteinander interagieren. Diese Definition geht von einer symmetrischen Relation der Kausalität aus.
[123] In der lokalen Entwicklung vor allem von Lebewesen nimmt zum Beispiel die Entropie meist ab, ohne dass sich dabei der Zeitpfeil umdreht. Zu Einwänden auch gegen diese Lösung siehe Sieroka 2018, 45–50.

ließe sich am besten als Possibilist einordnen[124] – allerdings in einer speziellen Variante, die eine eternalistische Komponente enthält. Denn zwar wächst auch nach Aristoteles der Block unveränderlicher Ereignisse und Prozesse, doch seine These, dass Bewegungen von sich aus noch keinen zeitlichen Wandel enthalten, entspricht der eternalistischen Auffassung, dass die Grundgleichungen der Physik keinen Zeitpfeil enthalten. Im Übrigen adressiert Aristoteles zwar das Problem der Zeitrichtung nicht explizit, entwickelt jedoch eine dezidierte Vorstellung zum Zeitpfeil, die auf der Idee des wandernden Jetzt und der 1–1-Abbildung von Folgen von Zeit-Intervallen auf die Menge der natürlichen Zahlen beruht.

Unterscheidung zwischen subjektiver und objektiver Zeit

Die aristotelische Unterscheidung zwischen der Zeit im Sinne von Grundsatz (A1)(a) und der Zeit im Sinne von Grundsatz (A1)(c) wird in modernen Zeit-Theorien als Unterscheidung zwischen subjektiver und objektiver Zeit betrachtet. Zum Teil wird diese Unterscheidung, wie bereits bemerkt, auf die Art und Weise bezogen, wie wir im Alltag über die Zeit reden.[125]

Die objektive Zeit ist aus gegenwärtiger Perspektive die „physikalische Zeit, die eine Uhr misst bzw. anzeigt" und demnach etwas, „das es in der metaphysischen und physikalischen Wirklichkeit gibt und das vermeintlicherweise unabhängig ist vom Menschen".[126] Insbesondere ist die objektive Zeit eine „dauerhafte Ordnung der Dinge", also eine „lagezeitliche Ordnung, gemäß dessen, was allgemein früher oder später ist", die keinen „spezifischen Gegenwartsbezug", sondern allenfalls konventionelle Bezugspunkte involviert.[127] Objektive Zeit setzt außerdem eine Maßeinheit voraus, die im Blick auf periodische Bewegungen ausgezeichnet wird, die mit möglichst vielen anderen periodischen Bewegungen

---

[124] So bemerkt Hussey: „Aristotle's conception of temporal becoming seems to be that of a past that „grows out" continuously in the direction of the future, with the persistent present as a ... travelling boundary of the past" (Hussey 1983, XLVII).
[125] Vgl. Sieroka 2018, 15–21. Siehe auch Stöckler 2008, 690. Auch in psychologischen Studien über die Zeit wird diese strikte Unterscheidung häufig betont. So schreiben z.B. Mannino et al. 2017: „The time marked by the clock hands, the so-called „objective time," is deeply different from the one perceived by the individual" (285). Zakay 2016 unterscheidet entsprechend strikt zwischen *physical time* und *psychological time* und nennt letztere *a subjective feeling*. Viele dieser psychologischen Studien machen sich jedoch wenig Sorgen darum, wie diese so verschiedenen Arten von Zeit zusammengedacht werden können.
[126] Sieroka 2018, 10–11.
[127] Sieroka 2018, 14–16.

kompatibel sind, sodass objektive Zeit letztlich auf ausgedehnten Bewegungsintervallen beruht.[128]

Der physikalische Ausdruck der objektiven Zeit ist im Begriff der Raumzeit der Relativitätstheorie enthalten. Das physikalische Jetzt ist punktartig, doch kann es kein objektives Jetzt geben. Die Metaphysik der objektiven Zeit ist eng mit der Theorie des Blockuniversums korreliert. Denn die metaphysische Konsequenz der objektiven Zeitvorstellung ist, dass Dinge und Ereignisse in Vergangenheit, Gegenwart und Zukunft in derselben Weise existieren. Da sich das Blockuniversum nicht bewegt, kann sich auch die Zeit nicht bewegen. In diesem metaphysischen Rahmen wird die Rede vom Zeitfluss buchstäblich sinnlos. Zugleich hat die eternalistische Metaphysik des Blockuniversums mit der Relativität der Gleichzeitigkeit keine Probleme. Gleichzeitige Dinge und Ereignisse liegen dieser Theorie zufolge gleichsam auf bestimmten Schnitten durch das Blockuniversum, doch gibt es viele verschiedene Möglichkeiten solcher Schnitte.[129]

Objektive Zeit wird ähnlich beschrieben wie der Raum. So wie es keine genuinen Raum-Prädikate gibt, sondern nur räumliche Relationen („x ist nördlich von y", „x ist unter y"), so gibt es auch keine genuinen Zeit-Prädikate, sondern nur zeitliche Relationen („x ist früher als y", „x ist später als y"). Zudem können wir in einer temporalen und atemporalen Weise über die Welt sprechen.[130] In der temporalen Sprache verwenden wir sowohl unbestimmte Indizes wie „jetzt" oder „gestern" als auch temporal flektierte Verben wie „hatte geschrieben" oder „wird sich noch wünschen." Eine semantische Eigenschaft der temporalen Sprache ist, dass verschiedene Tokens desselben Satztyps (z. B. des Satztyps „Gestern war ich müde") verschiedene Wahrheitswerte aufweisen können. In der atemporalen Sprache benutzen wir derartige Indizes und grammatischen Flektionen nicht. Zwar ist es üblich, zum Beispiel zu sagen, dass es in Hamburg am Heiligabend 1985 regnete, aber wir können auch in einer alternativen und gleichwertigen Form behaupten, dass der Satz „In Hamburg regnet es am Heiligabend 1985" wahr ist. Und wenn dieser Satz wahr ist, dann auch jedes andere Token dieses Satztyps.[131]

---

128 Sieroka 2018, 50–52.
129 Sieroka 2018, 54.
130 Vgl. dazu den einflussreichen Artikel Measor, Shorter 1986.
131 In rein semantischer Beschreibung formuliert: (1) „The Tensed View of Semantics: (i) Propositions have truth values *at times* rather than just having truth values *simpliciter*. (ii) The fundamental semantical locution is '*p* is *v* at *t*' (where the expression in place of '*p*' refers to a proposition, the expression in place of '*v*' refers to a truth value, and the expression in place of '*t*' refers to a time). (iii) It is possible for a proposition to have different truth values at different times. The Tenseless View of Semantics: (i) Propositions have truth values *simpliciter* rather than having truth values *at times*. (ii) The fundamental semantical locution is '*p* is *v*' (where the expression in place of '*p*' refers to a proposition and the expression in place of '*v*' refers to a truth value). (iii) It is

Die objektive Zeit ist aus dieser Sicht der Gegenstand einer atemporalen Sprache und Semantik. Doch vor allem gilt die objektive Zeit als objektiv, insofern sie Teil der physikalischen Realität und nicht geist-abhängig ist.[132]

Die subjektive Zeit wird dagegen betrachtet als „Zeit, wie sie einem erscheint oder wie man sie wahrnimmt" und demnach als etwas, „das insbesondere menschliche Wahrnehmungen, Erfahrungen und Handlungen strukturiert" und „eine Art Dimension des Prozesshaften <involviert>, in der wir altern, in der Pflanzen wachsen und vertrocknen, usw."[133] Subjektive Zeit stellt eine modalzeitliche Ordnung[134] mit der „Gegenwart als ausgezeichnetem Referenzpunkt" dar.[135] Sie ist verankert im gegenwärtigen Erleben, im Gefühl der Präsenz (des „Jetzt-Erlebens"),[136] verknüpft die Zeit mit einer irreversiblen Zeitrichtung,[137] akzeptiert die Rede von einem Verfließen der Zeit[138] und ist daher nicht Teil der physikalischen Wirklichkeit.[139]

Die subjektive Zeit ist dieser Konzeption zufolge eng mit einer mentalen Aktivität korreliert und fällt in den Bereich des phänomenalen Bewusstseins. Allerdings ist nicht immer klar, worin genauer die Beziehung zwischen subjektiver Zeit und mentalen Zuständen oder Aktivitäten besteht. Beispielsweise heißt es in einer psychologischen Studie, subjektive Zeit sei

---

not possible for a proposition to have different truth values at different times" (vgl. Markosian 2016, Abschnitt 1). Diese verschiedenen Sprachen – nach McTaggart auch A-Sprache und B-Sprache genannt – gehen auch in die temporale Logik von Prior ein, vgl. dazu Øhrstrøm 2016.
132 Vgl. dazu z. B. auch Dorato, Wittmann 2015, wo auf S. 195 genau diese beiden Objektivitätskriterien angegeben werden. Siehe etwa auch die Bemerkung von Hinz 2000, 9: „Für die Psychologie ist die Unterscheidung zwischen objektiver und subjektiver Zeit wichtig, die Bergson populär gemacht hat. Mit objektiver Zeit (*temps*) ist die durch Uhren meßbare Zeit der physikalischen Welt gemeint." Siehe etwa auch Gale ed. 2016, 299. Schließlich sei noch Szpunar zitiert: „Simply put, what kind of time are we talking about? It cannot be the same 'clock and calendar time' that figures prominently in physical sciences …, because 'past' and 'future', necessarily defined with respect of a sentient observer, do not exist in the physical reality, but are products of the human mind. Hence, I refer to the time of which past and future are parts as 'subjective time'." (Szpunar 2011, 408).
133 Ibid. 10–11.
134 Sieroka 2018, 15 f.
135 Sieroka 2018, 16.
136 Sieroka 2018, 23–25. Vgl. z. B. auch Ratcliffe 2008, Noë 2012. Noë schreibt zum Beispiel: „The world shows up for us." Das bedeutet: Die Welt ist für uns präsent, und diese Präsenz ist eine Form des praktischen Wissens „that is independent of language-use and that is shared by humans and nonhumans alike" (12f., 24). Dieses Gefühl der Präsenz wird in letzter Zeit auch verstärkt in virtueller Realität untersucht, Baños et al. 2004. Welch et al. 1996. Fontaine 1992. Conant 1996.
137 Sieroka 2018, 29.
138 Sieroka 2018, 27. Zu (16) und (17) vgl. z. B. auch Dorato, Wittmann 2015, 192.
139 Vgl. z. B. Szpunar 2011.

> „das innere Zeitgefühl des Menschen ... Hinsichtlich der subjektiven Zeit herrscht in der psychologischen Literatur eine begriffliche Vielfalt: man redet von Zeiterfahrung, Zeiterleben, Zeitgefühl, Zeitgedächtnis, Zeitwahrnehmung, Zeitbewusstsein etc."[140]

Hiernach scheint die subjektive Zeit mit einem gewissen mentalen Gefühl identisch zu sein. Kants Rede von der Zeit als „innerem Sinn" könnte in diesem Sinn verstanden werden. Doch ist diese Identifizierung mehr als problematisch, nicht zuletzt weil damit unklar bleibt, welchen Inhalt dieser mentale Zustand oder welches Ziel die entsprechende mentale Aktivität hat. Ausdrücke wie „Zeiterfahrung" oder „Zeitgefühl" können allerdings auch so interpretiert werden, dass es sich um mentale Zustände oder Aktivitäten handelt, deren Inhalt oder Gegenstandsbereich die Zeit ist, wie es auch Formulierungen wie „Zeit, wie sie uns erscheint und wie sie von uns wahrgenommen wird" nahelegen. Diese Interpretation macht mehr Sinn und ist daher auch der Ausgangspunkt moderner Theorien zur Zeit-Wahrnehmung.[141] Aus dieser Sicht gehört die subjektive Zeit zu den Gegenständen bestimmter Erfahrungen und die objektive Zeit zu den Gegenständen bestimmter Theorien.

Diese Übersicht zeigt, dass die Unterscheidung zwischen subjektiver und objektiver Zeit in modernen Zeit-Theorien zu einer exklusiven Dichotomie verschärft wird. Dieser zeit-theoretische Dualismus wird oft auch in Gestalt eines Grundsatzes artikuliert, der zum Teil den Status eines Axioms innezuhaben scheint, nämlich

(A) Zeit ist subjektiv dann und nur dann, wenn Zeit nicht objektiv ist.[142]

Wenn, wie oben bemerkt, die objektive Zeit im Kern objektiv ist, insofern sie Teil der physikalischen Realität und nicht geist-abhängig ist, dann ist nach (A) die subjektive Zeit im Kern subjektiv, insofern sie nicht Teil der physikalischen Realität und geist-abhängig ist. Daher ist es nicht verwunderlich, dass sich der Eindruck verstärkt hat, dass sich modalzeitliche und lagezeitliche Ordnung theoretisch nicht unter einen Hut bringen lassen. Demnach scheint der Kern der modernen Unterscheidung zwischen subjektiver und objektiver Zeit überwiegend darin gesehen zu werden, dass, salopp formuliert, subjektive Zeit mit Erfahrungen

---

140 Hinz 2000, 9.
141 Vgl. zur Übersicht Le Poidevin 2019. Im Anschluss an Pöppel unterscheidet Le Poidevin verschiedene Arten von Zeiterfahrung, nämlich die Erfahrung von Dauer, Nicht-Gleichzeitigkeit, zeitlicher Ordnung, Vergangenheit und Präsenz sowie Veränderung einschließlich des Verfließens von Zeit (vgl. Abschnitt 2), sowie Pöppel 1978.
142 Vgl. z. B. McDowell 1998a, 113 f.

von der Welt zu tun hat und objektive Zeit in der realen Wirklichkeit verankert ist, allerdings nach Axiom (A) derart, dass subjektive Zeit nichts mit einer Verankerung in der realen Wirklichkeit zu tun hat und objektive Zeit nichts mit unseren Erfahrungen von der Welt. Dieser scharfe Dualismus ist, wie im Folgenden gezeigt werden soll, mehr als problematisch und strikt genommen falsch.[143]

Die Unterscheidung zwischen objektiver Zeit und subjektiver Zeit gewinnt deutlich an Profil, wenn neuere psychologische Theorien der subjektiven Zeit hinzugezogen werden. Anhand dieser Theorien lässt sich der subjektive Charakter der subjektiven Zeit genauer ermitteln. Wegen Axiom (A) wird damit auch einiges für die Interpretation der objektiven Zeit gewonnen. Zugleich lassen sich auf dieser Grundlage einige Probleme freilegen, die mit der zugrunde gelegten Auffassung von Subjektivität und Objektivität verbunden sind.

Psychologie der subjektiven Zeit

Wie bereits kurz bemerkt, spielt die Idee der Präsenz oder des Jetzt in Theorien der subjektiven, modalen Zeit eine zentrale Rolle. Denn die Wahrnehmung der Präsenz ist grundlegend für die Unterscheidung der drei Zeitmodi. In neueren psychologischen Theorien der subjektiven Zeit wird daher das Konzept der Präsenz empirisch analysiert.[144] Diese Analyse ist eine von mehreren Möglichkeiten (und aus aristotelischer Sicht die interessanteste Möglichkeit), die Psychologie der subjektiven Zeit zu entfalten, und wird daher im Folgenden dargestellt.[145]

---

143 Aristoteles hat, daran sei hier erinnert, mit seinen zeit-theoretischen Grundsätzen (A1)(a) und (c) der Sache nach zwischen subjektiver und objektiver Zeit unterschieden, glaubt aber dennoch, beide Konzepte in eine einheitliche Theorie integrieren zu können. Die entscheidende systematische Verbindung sieht er darin, dass die theoretische und praktische Einführung eines Konzepts von objektiver Zeit auf ein Konzept der subjektiven Zeit zurückgreifen muss, während das Umgekehrte nicht gilt. Diese Abhängigkeit wird zum Teil auch von modernen Zeit-Theoretikern anerkannt (vgl. Sieroka 2018, 53; Lohmar 2010). Aristoteles ist ferner der Meinung, dass die Einführung des Konzepts der subjektiven Zeit auf mentalen Operationen beruht, die epistemologisch als verlässlich gelten können. Außerdem konzipiert er den Zeitbegriff (A1)(b) als Bindeglied zwischen (A1)(a) und (A1)(c).
144 Die Theorie der Präsenzen beruht unter anderem auf Arbeiten zu Hintergrundgefühlen, vor allem dem Gefühl, in der Welt zu sein. Vgl. z. B. Ratcliffe 2008. Noë 2012. Noë schreibt zum Beispiel: „The world shows up for us." Das bedeutet: Die Welt ist für uns präsent, und diese Präsenz ist eine Form des praktischen Wissens „that is independent of language-use and that is shared by humans and nonhumans alike" (12, f., 24). Dieses Gefühl der Präsenz wird in letzter Zeit auch in virtueller Realität untersucht, vgl. Baños et al. 2004. Welch et al. 1996. Fontaine 1992. Conant 1996.
145 Diese Darstellung orientiert sich vor allem an dem informativen Artikel Dorato, Wittmann 2015. Vgl. auch Wittmann 2016, Wittmann 2017.

Aus psychologischer Sicht werden meist drei verschiedene Formen von Präsenz unterschieden. Dabei wird primär der visuelle Fall betrachtet, aber diese Analyse ließe sich analog auch auf den auditorischen Fall ausdehnen. Die erste Form der Präsenz beruht darauf, dass – wie viele Experimente zeigen – zwei oder mehr Lichtsignale von Menschen nur dann als sukzessive Folge wahrgenommen werden können, wenn diese Lichtsignale einen Abstand von mehr als 40ms aufweisen. Lichtsignale mit einem Abstand von weniger als 40ms werden daher als gleichzeitig wahrgenommen. Die moderne Wahrnehmungstheorie betont außerdem, dass wenn Person P ein Objekt oder Ereignis E wahrnimmt, E für P gegenwärtig oder präsent ist und somit für P „jetzt" vorhanden ist.[146] Diese Art von Präsenz hat demnach eine Ausdehnung von 40ms. Präsenz wird also in der modernen Psychologie der subjektiven Zeit von vornherein als Gegenstand einer bestimmten Wahrnehmung eingeführt.

Innerhalb von 40ms bewegt sich Licht ungefähr 12000 km weit – eine Strecke, die recht genau dem Erdradius entspricht. Nehmen wir an, Ereignis A sendet das Lichtsignal L1 aus und Ereignis B das Lichtsignal L2. Wenn nun ein Beobachter P in der Nähe von A lokalisiert ist und sowohl L1 als auch L2 registriert, dann wird P die Ereignisse A und B nur dann als zeitlich verschieden ansehen, wenn sie mehr als 12000 km voneinander entfernt sind. Sind A und B weniger als 12000 km voneinander entfernt, so gehören sie zur Präsenz von P. Die psychologische Präsenz ist folglich für jeden Beobachter auch räumlich ausgedehnt, und diese räumliche ausdehnte Präsenz entspricht einem Kreis mit P als Mittelpunkt und einem Radius, der recht genau dem Erdradius entspricht. Dieser empirische Befund gilt interpersonell, das heißt für alle Menschen.

Das psychologische Jetzt, das heißt die psychologische Präsenz, ist demnach keineswegs punktartig, sondern ausgedehnt. Die psychologische Zeitfolge hat einen lokalen, relativen Status. Die psychologische Präsenz für eine bestimmte Person P besteht aus der Menge aller Dinge und Ereignisse, deren Signale bei P im Abstand von weniger als 40ms eintreffen und folglich weniger als 12000 km von P entfernt sind. Diese Ausdehnung scheint auf neuronalen und folglich „objektiven" Mechanismen und „Fenstern" zur Integration von Signalen zu beruhen.

Das Vorkommen von physikalischem Jetzt und psychologischem Jetzt schließen einander nach Auffassung der Psychologie der subjektiven Zeit nicht aus. Damit scheint gemeint zu sein, dass sich die psychologische Theorie der subjektiven Zeit erstens der objektiven Zeitmessung bedient, um die Dauer der eben genannten Präsenz zu messen, und zweitens auch die einzelnen Wahrnehmungen der

---

[146] „What we perceive, we perceive as present – as going on right now" (Le Poudevin 2019, Abschnitte 1 und 4). Siehe zum Beispiel auch Sieroka 2018, 23–26 zur „Gegenwart der Erfahrung."

Präsenz in die objektive Zeit einordnen kann. Doch ist es ebenso ein empirisches Faktum, dass Menschen aufgrund der Konstitution ihrer kognitiven Apparate Dinge und Ereignisse, die sich faktisch in der objektiven Raumzeit bewegen, anhand der von ihnen ausgehenden Lichtsignale in eine Menge präsenter und eine Menge sukzessiv aufeinander folgenden Dinge und Ereignisse aufspalten. Diese Unterscheidung ist zugleich eines der Fundamente einer Unterscheidung zwischen objektiver und subjektiver Zeit.

Diese Beschreibung der (ersten Form der) Präsenz ist selbst eine „objektive" Beschreibung, weil sie durch eine Reihe von wissenschaftlichen Daten und Messungen empirisch gesichert ist. Im Rahmen dieser Beschreibung lässt sich die erste Form der Präsenz, wie soeben dargestellt, als zeitlich und räumlich ausgedehnt betrachten. Aber phänomenologisch wird sie nicht als ausgedehnt, sondern als extensionslos erlebt. Wenn Person P ein X wahrnimmt, dann mag diese Wahrnehmung darauf beruhen, dass X durch eine Folge von Signalen im Abstand von weniger als 40ms erzeugt wird, aber diese Folge wird gerade nicht von P erlebt, ebenso wenig wie die genannte räumliche Ausdehnung. X wird vielmehr von P als undifferenzierte extensionslose Einheit erlebt, als ein Jetzt ohne Ausdehnung und simultan zum Jetzt, in dem sich P selbst befindet.

Die zweite Form der Präsenz ist bereits von Husserl skizziert und inzwischen ebenfalls empirisch bestätigt worden. Im Rahmen phänomenologischer Analysen zeigen sich zwei grundlegende Aspekte der temporalen Erfahrung, also der Erfahrung von Zeit:

(a) Das Gefühl des präsenten Moments, und
(b) die Erfahrung der vergehenden, fließenden Zeit (*passage of time*).

Die entscheidende phänomenologische Einsicht besteht darin, dass (a) und (b) eng miteinander korreliert sind. Beide Aspekte zusammen bilden ein zweites Fenster der Präsenz, in welchem das, was jetzt geschieht (im Sinne der ersten Form der Präsenz), zugleich und notwendigerweise eingebettet ist

(i) in eine Erinnerung daran, was unmittelbar zuvor geschah, und
(ii) in eine Antizipation dessen, was direkt anschließend geschehen wird.

Die Struktur (i)–(ii) schlüsselt die Ebene (b) genauer auf. Die Ebenen (a) und (b) inklusive (i)–(ii) bilden ein temporales Feld, welches den zentralen Inhalt des phänomenologischen Bewusstseins von Zeit und damit der Zeiterfahrung ausmacht.

Experimente haben gezeigt, dass dieses temporale Feld eine Dauer von 2–3 Sekunden hat. Innerhalb dieses Feldes werden Erfahrungen so integriert, dass sie eine Einheit bilden. Erst durch diesen Integrationsmechanismus wird es zum Beispiel möglich, Bewegungen und nicht nur einzelne Bewegungsmomente zu sehen oder Melodien und nicht nur einzelne Töne zu hören. Mehr noch, in der modernen Psychologie der Zeit wird behauptet, dass das skizzierte temporale Feld konstitutiv ist für die Präsenzerfahrung im ersten Sinne. Nur im Rahmen erinnerter und antizipierter Signale und entsprechender Prozesse gemäß (a)–(b) lässt sich die Erfahrung des Jetzt, also der Präsenz im ersten Sinne, überhaupt auszeichnen. Innerhalb dieses temporalen Feldes korrespondiert im Übrigen die zeitliche Folge wahrgenommener Dinge mit der zeitlichen Folge der mentalen Wahrnehmungen dieser Dinge. Es gibt Indizien dafür, dass ein neuronal verankerter Mechanismus dafür sorgt, dass wir individuelle Ereignisse, die innerhalb von 2–3 Sekunden auftreten, zu Einheiten formieren, die einer sensomotorischen Kontrolle unterliegen.[147]

Allerdings scheint es noch ein größeres, wenn auch ähnliches temporales Feld zu geben (meist mentale Präsenz genannt) – also eine dritte Art von Präsenz. Die mentale Präsenz involviert

(c) das Gefühl, jeweils jetzt selbst Teil der Welt und Bestandteil der Realität zu sein,
(d) die Erfahrung, selbst ein wahrnehmender und fühlender Akteur in der Welt zu sein, und
(e) die Ansammlung dieser Erfahrungen des Selbst (im Sinne von (c) und (d)) im kurzfristigen Arbeitsgedächtnis und zugleich als eine Komponente des längerfristigen episodischen oder autobiographischen Gedächtnisses, die auch gewisse Gedächtnisverluste involvieren.

Insgesamt umfasst die mentale Präsenz also ein existenzielles Hintergrundgefühl, eine der grundlegenden Erfahrungen, die das Selbst konstituieren, sowie Erinnerungen an eine Vielzahl von eigenen Erlebnissen, die weit in die Vergangenheit zurückreichen können. Mentale Präsenz in diesem dritten Sinne wird als wesentliche Voraussetzung für personale Identität und die Herausbildung eines stabilen Selbst betrachtet.[148] Es ist trivial, verdient aber dennoch angefügt zu werden, dass gilt:

(f) Strikt genommen nehmen wir nur das Vergangene wahr.

---

147 Vgl. dazu auch Eagleman, Tse, Buonomano, Janssen, Nobre, Holcombe 2005.
148 Vgl. z. B. Wilson, Gunn, Ross 2009.

These (f) folgt trivialerweise daraus, dass es eine gewisse Zeit dauert, bis uns Signale etwa in Form von Photonen oder Schallwellen erreichen und von unserem kognitiven Apparat prozessiert worden sind. Allerdings nehmen wir das Vergangene zum Teil als Vergangenes, zum Teil aber auch als Präsentes wahr. These (f) ist folglich so zu verstehen:

(g) Wahrnehmung von Präsenz heißt, das Vergangene als präsent (im erläuterten psychologischen Sinn) wahrzunehmen.[149]

Die Geschwindigkeit, mit der sich Dinge in unserer normalen Umgebung bewegen und verändern, ist allerdings sehr viel geringer als die Geschwindigkeit, mit der Signale dieser Veränderung uns erreichen und von uns verarbeitet werden. Darum wird die Zuverlässigkeit unserer Wahrnehmung des Präsenten durch die Befunde (f) und (g) nicht beeinträchtigt.

Dieses psychologische Bild von der subjektiven Zeit wird in vielen Artikel auf bemerkenswert ähnliche Weise dargestellt.[150] Dies gilt insbesondere von der Unterscheidung der drei verschiedenen Präsenzen als Kern der subjektiven Zeit.[151] Dabei werden zum Teil die empirischen Evidenzen und die zugrundeliegenden neuronalen Mechanismen ausführlicher vorgestellt. Ein Grund dafür ist unter anderem, dass wenn sich in unterschiedlichen Experimenten und Bereichen dieselben Ergebnisse und Werte abzeichnen, die Vermutung naheliegt, dass dafür ein gemeinsamer neuronaler Mechanismus verantwortlich ist.[152] Diese neuronalen Mechanismen, also die temporalen Fenster, operieren im Übrigen in einer automatischen, vorsemantischen Weise, das heißt hängen nicht ab vom Inhalt,

---

149 Le Poidevin 2019, Abschnitt 5.
150 So zum Beispiel in Pöppel, Bao 2014. Die folgenden Bemerkungen beziehen sich auf diese Arbeit.
151 Vgl. Pöppel, Bao 2014, 247–249 zur ersten Art von Präsenz, 249–253 zur dritten Art von Präsenz, und 253–255 zur zweiten Art von Präsenz.
152 So gilt etwa für die erste Art von Präsenz: „the same temporal value of information processing is observed in the visual, auditory, or tactile modalities, on the level of single-cell or neuronal group activities, and on the level of cognition in measurements of reaction times or of temporal order thresholds" (Pöppel, Bao 2014, 247). Ähnlich lässt sich zum Beispiel das temporale Fenster von 2–3 Sekunden, das der zweiten Art von Präsenz entspricht, in Beobachtungen zur Audition, Vision, kognitiven Evaluierung, perzeptiven Akzentuierung und temporalen Integration wiederfinden (Pöppel, Bao 2014, 253). Im ersten Fall scheint etwa ein gemeinsamer neuronaler Mechanismus aktiv zu sein, der im Kern aus stimulus-gesteuerten neuronalen Oszillatoren besteht, die selbst atemporal sind, weil eine Früher-Später-Relation hier nicht definierbar ist (Pöppel, Bao 2014, 247).

der prozessiert wird. Es handelt sich um neuronale Infrastrukturen, die notwendig, aber nicht hinreichend für die bewusste Repräsentation von Zeit sind.[153]

Inwiefern wird in der Psychologie der Zeit die subjektive Zeit als „subjektiv" betrachtet? Diese Frage wird zwar selten explizit aufgeworfen, geschweige denn diskutiert, doch implizit scheinen vier Ebenen der Subjektivität im Spiel zu sein:

(1) Die Zeit kann wahrgenommen und erfahren werden; Wahrnehmungen und Erfahrungen sind jeweils subjektive mentale Zustände und Aktivitäten; daher ist die wahrgenommene und erfahrene Zeit subjektiv.
(2) Zeit kann eine modalzeitliche Ordnung aufweisen, die durch die Unterscheidung der Zeitmodi Vergangenheit, Gegenwart und Zukunft sowie durch eine privilegierte Position des Jetzt und der Präsenz ausgezeichnet ist; das Jetzt und die Präsenz sind jedoch Indizes, die jeweils nur durch die Perspektive einzelner Subjekte bestimmt sind; daher ist die modalzeitliche Ordnung subjektiv.
(3) Die erfahrene Zeit kann für dieselben Personen, aber auch für verschiedene Personen schneller oder langsamer vergehen; ihr Verlauf ist daher von jeweils spezifischen Situationen einzelner Personen abhängig.
(4) Die erfahrene Zeit kann ihrem Verlauf nach illusionär verzerrt sein und ist daher nicht ein Bestandteil der physikalischen Realität.[154]

Die Subjektivität der subjektiven Zeit scheint also an Mentalität, individuelle Perspektivität im Blick auf die Welt, epistemologische Unsicherheit und mangelnde metaphysische Verankerung gebunden zu sein. Wenden wir Axiom (A) auf diese Diagnose an, so scheint die objektive Zeit dadurch ausgezeichnet zu sein, dass sie geist-unabhängig, universell, unabhängig von speziellen Perspektiven, epistemologisch gesichert und metaphysisch real ist.

Allerdings ist die Diagnose (1)–(4) aus mehreren Gründen problematisch. Zum einen geht sie offensichtlich davon aus, dass die Zeit wahrgenommen werden kann und verfließt. In der Tat sind neuere Arbeiten zur Zeit-Theorie voll von Phrasen der Formen „Fließen der Zeit" (*passage, flow of time*) und „Wahrnehmung der Zeit" oder „Erfahrung der Zeit" (*perception of time, experience of time*), die so gut wie nie hinterfragt werden, denn „es scheint offensichtlich zu sein, dass Zeit ... fließt oder vergeht."[155] Eternisten und Anhänger der Theorie vom Block-Universum weisen demgegenüber darauf hin, dass die Rede vom Fließen

---

153 Pöppel, Bao 2014, 248, 255.
154 Eines der vielen Beispiele dafür ist die verzerrte Zeitempfindung bei depressiven Menschen, vgl. z. B. Blewett 1992.
155 Sieroka 2018, 26.

der Zeit unsinnig ist. Würde die Zeit verfließen, so könnte man sinnvoll fragen, wie schnell die Zeit verfließt. Eine Antwort auf diese Frage scheint auf ein Zeitmaß zurückgreifen zu müssen. Die Phrase vom Fluss der Zeit sieht daher zirkulär aus.[156] Es ist in diesem Zusammenhang aufschlussreich, wie einige Autoren ihre Rede vom Fluss der Zeit artikulieren. Hier ein Beispiel:

> „The passage of time, namely the fact that past events become more and more past, so that our experience, which always takes place in the present, has a constantly changing content."[157]

Bemerkungen dieser Art legen frei, dass Autoren, die vom Fluss der Zeit reden, oft bewegte Dinge oder kinematische Prozesse im Blick haben, von denen gesagt werden kann, dass sie in der Zeit verlaufen. Der Zeitverlauf ist der Verlauf von bewegten Dingen und kinematischen Prozessen in der Zeit, also, wie es scheint, relativ auf eine verfügbare Messung von Zeit. Bewegungen können vergangen und zukünftig sein, und sie können auch gegenwärtig und präsent sein – allerdings nur, wie wir gesehen haben, in einem Fenster von 2–3 Sekunden. Bewegungen und ihr unterschiedliches Tempo können ferner in unproblematischer Weise auch als Gegenstand von Wahrnehmungen und Erfahrungen beschrieben werden, deren semantischer Gehalt wechselt.[158] Diese Wahrnehmungen können überdies

---

156 In der Philosophie der Zeit wird zuweilen ein Paradox der Zeitwahrnehmung entwickelt: (i) Was wir wahrnehmen, nehmen wir als präsent wahr; (ii) wir können kurze Folgen von Ereignissen wahrnehmen; (iii) eine Relation zwischen, und insbesondere eine Folge von Ereignissen, können wir nur wahrnehmen, wenn wir alle beteiligten Ereignisse, im einfachsten Fall die Folge E1–E2, wahrnehmen; (iv) wenn wir in dieser Folge E2 wahrnehmen, nehmen wir E1 nicht mehr wahr, sondern E1 befindet sich bereits in unserem Arbeitsgedächtnis; (v) nach (i) können wir folglich keine Folge von Ereignissen wahrnehmen, im Widerspruch zu (ii) (Le Poidevin 2019, Abschnitt 2). Es ist offensichtlich, dass dieses Paradox durch die neuere psychologische Theorie der Präsenz aufgelöst wird.
157 Dorato, Wittmann 2015, 192. Vgl etwa auch: „We experience the continuous and 'relentless' passage of time, but we also experience events at the present moment, now. Phenomenological analysis points to this dual and seemingly paradoxical aspect of temporality, a feeling of presence and of unitary nowness, on the one hand, and the experience of a continuous and extended stream of events over time, or felt duration, on the other hand."(Montemayor, Wittmann 2014, 325).
158 Oft wird darauf hingewiesen, dass wir unter bestimmten spezifischen Bedingungen den Eindruck haben, dass die Zeit schneller oder langsamer vergeht. Viele Betroffene berichten beispielsweise, dass in kurzen gefährlichen Ereignissen wie etwa einem Auto-Unfall oder einem erlebten Raub die Zeit langsamer zu vergehen scheint. Das heißt jedoch genauer, dass in diesen Situationen alle kinematischen Prozesse langsamer abzulaufen scheinen: „For example, during brief, dangerous events, such as car accidents and robberies, many people report that events pass in slow motion as if time slowed down" (Eagleman et al. 2005, 1069).

korrekt oder illusionär sein. Ein Spezialfall ist die Kinästhesie – unsere Wahrnehmung der Bewegung unseres eigenen Körpers in der Zeit:

> „The very expression 'the perception of time' invites objection. Insofar as time is something different from events, we do not perceive *time* as such, but changes or events *in* time."[159]

Wenn wir den Fluss und die Erfahrung der Zeit auf diese Weise reformulieren, haben wir die theoretische Zirkularität vermieden. Allerdings scheint diese Erläuterung der subjektiven Zeit auf ein objektives Zeitmaß zurückzugreifen. Aus dieser Sicht wäre die objektive Zeit gegenüber der subjektiven Zeit das grundlegendere Phänomen. Dafür scheint auch zu sprechen, dass nur ein Begriff von objektiver Zeit, nicht aber der psychologische Begriff der subjektiven Zeit mit grundlegenden physikalischen Theorien wie der Relativitätstheorie vereinbar ist.

Andererseits scheint es Indizien dafür zu geben, die darauf hinweisen, dass die konkrete Einführung einer lagezeitlichen Ordnung unter anderem auf Operationen beruht, die ihrerseits auf eine modalzeitliche Ordnung zurückgreifen müssen. Aristoteles, Husserl und McTaggart gehören zu den wirkungsmächtigen Autoren, die diese Auffassung vertreten haben.[160] Der Rückgriff auf die subjektive Zeit ist im Kontext menschlicher Kommunikation und Handlungen deshalb erforderlich, weil die Konstatierung periodischer Vorgänge und ihrer Kompatibilität, die für die Einführung einer Zeitmetrik, eines Kalenders und einer objektiven Zeitordnung vorausgesetzt werden muss, ihrerseits modalzeitliche Feststellungen der Art „Jetzt und dort treffen sich die Perioden in einem Punkt" erfordern.[161] Dieser Befund beruht auf dem generellen Zirkularitätsproblem jeder Einführung messbarer Größen, welches darin besteht, dass messbare Größen einen Maßstab benötigen, der sich nicht verändert, dass dies aber nur dann festgestellt werden kann, wenn das Maß bereits verfügbar ist[162]. Aus dieser Sicht scheint die subjektive Zeit gegenüber der objektiven Zeit eine Art von Priorität zu genießen.

Dieser Befund lässt sich auch durch einen weiteren Aspekt der Wahrnehmung oder Erfahrung von Zeit stützen. Wir haben oben gesagt, dass die Wahrnehmung oder Erfahrung von Zeit genauer die Wahrnehmung oder Erfahrung der Bewegungen von Dingen oder anderer kinematischer Prozesse in einer messbaren Zeit zu sein scheint. Demnach setzt jede Wahrnehmung oder Erfahrung von Be-

---

[159] Le Poidevin 2019, 1. Abschnitt.
[160] Vgl. aber auch psychologische Arbeiten wie Hale 1993, der zu Beginn seines Artikels schreibt: „time is not objective reality but rather subjective experience. Objective clock time is merely a reification or quantification of inner subjective time."
[161] Vgl. z. B. Sieroka 2018, 53; ausführlich dazu Lohmar 2010.
[162] Vgl. Stegmüller 1970, 69–93.

wegungen bereits ein objektives Zeitmaß voraus. Und daraus könnte möglicherweise gefolgert werden, dass es auch metaphysisch keine Bewegungen ohne Zeit gibt.

Neuere psychologische Studien zur Wahrnehmung von Bewegungen scheinen diese Möglichkeit jedoch zu falsifizieren. Die einschlägigen Studien weisen – im Anschluss an ältere Arbeiten zum Beispiel von Wertheimer[163] – nach, dass die Wahrnehmung von Bewegungen ein komplexes kognitives Manöver ist, das unter anderem auch Gestaltmechanismen involviert. Untersuchungen zu scheinbaren Bewegungen tragen dazu bei zu klären, welche Signale und Daten die grundlegenden Schlüssel für die Wahrnehmung von Bewegungen darstellen.[164] Zumindest elementare Formen der Wahrnehmung von Bewegungen scheinen dabei nicht auf ein Zeitmaß zurückzugehen.[165] Aus philosophischer Sicht wird zuweilen dasselbe behauptet.[166] Dabei wird auch darauf hingewiesen, dass wir im Alltag das Tempo verschiedener Bewegungen problemlos vergleichen können, ohne ein Zeitmaß zu verwenden. Zeit-theoretisch betrachtet scheinen wir in der Beschreibung dieser Phänomene mit dem Begriff der subjektiven Zeit auszukommen. Das ist, wie wir gesehen haben, auch Aristoteles' Auffassung.

---

163 Vgl. Wertheimer 1912, 61.
164 Vgl. dazu ausführlich Kolers 2013.
165 „Time perception over fine scales is fundamental to many aspects of our lives, including speech recognition and production, motion perception, sound localisation and fine motor coordination. Many of these tasks do not require explicit encoding of time: perception of visual motion, for example, relies on the output of spatio-temporally tuned neurons rather than on independent estimates of space and time. However, the conscious awareness of the passage of time and judgement of duration do require an explicit representation of time" (Burr, Morrone 2006, R171). „What are the primitives used to detect and measure motion, and at what stage in the analysis of the image does the detection of motion take place? For instance, are the initial measurements of the light intensity in the photoreceptors taken as primitives, or are the measurements extracted after the filtering and smoothing of the visual input at the stage of the retinal ganglion cells or even cortical cells? Finally, more symbolic primitives such as zero-crossings, edges, and line segments or even endpoints, corners, breaks, local deformities of objects, or discontinuities in line orientation could also be used. The advantage of matching more symbolic tokens, such as zero-crossings, across the image is that these tokens mark interesting points in an image, for instance locations where the image intensity changes most" (Hildreth, Koch 1987, 488).
166 „One way out of this impasse is to suggest that two quite distinct processes are going on in the perception of motion (and other kinds of change). One is the perception of successive states as successive, for example the different positions of the second hand. The other is the perception of pure movement. This second perception, which may involve a more primitive system than the first, does not contain as part the recognition of earlier and later elements." (Le Poidevin 2007, Chapter 5).

Diese Befunde weisen eine auffällige Parallele zu dem Trend auf, dass sich die Zeit aus den Grundlagen der Physik emanzipiert, und der entsprechenden Auffassung, dass die Zeit nicht zu den grundlegenden Phänomenen des Universums zählt. Allerdings handelt es sich hier um schwer durchschaubare Details, die unter anderem darauf zurückgehen, dass bisher nicht klar ist, wie sich die Quantentheorie (als Theorie der Materie) mit der Allgemeinen Relativitätstheorie (als Theorie des raumzeitlichen Rahmens) vereinbaren lässt. So scheint die Zeit zum Beispiel aus der Quantengravitation zu verschwinden, während ein Zeitparameter in der Quantengeometrodynamik auf „semi-klassischer Ebene" (also, salopp formuliert, in der Physik der Alltagswelt) eingeführt wird.[167]

Oft wird die Leistung einer Theorie der subjektiven Zeit auch darin gesehen, dass sie im Gegensatz zu Theorien der objektiven Zeit viele unserer – offensichtlich zutreffenden – Redeweisen und Meinungen über Ereignisse einholen kann. Dabei handelt es sich um Meinungen und Redeweisen, die für unser soziales Handeln grundlegend sind (wie etwa wenn wir meinen oder sagen, dass wir erleichtert sind, dass die Zahnbehandlung vorüber ist).[168] Die modalzeitliche Ordnung scheint daher zwar im Universum insgesamt keine grundlegende Rolle zu spielen, wohl aber auf der Ebene menschlicher Erfahrungen und Erlebnisse.[169]

Die neue Psychologie der subjektiven Zeit hilft also deutlicher zu erkennen, dass das Verhältnis der subjektiven Zeit zur objektiven Zeit unterschiedlich beschrieben werden kann und daher nicht leicht zu bestimmen ist. Ein neuerer psychologischer Vorschlag betont nicht die große Kluft, sondern den Zusammenhang dieser beiden Zeitformen. Diesem Vorschlag zufolge operieren die psychologischen und neuronalen Prozesse, die mit temporalen Fenstern korreliert sind, im Rahmen der objektiven physikalischen Zeit. Die subjektive Zeit lässt sich mithin nicht ohne Bezug auf die physikalische Zeit beschreiben. Andererseits muss jedes Konzept einer objektiven Zeit auf subjektive Zeiterfahrungen zurückgreifen. Dabei handelt es sich aber nicht um eine schlechte Zirkularität, sondern um eine Komplementarität unterschiedlicher Mechanismen, wie sie auch in anderen Bereichen der Biologie postuliert werden.[170] Es ist allerdings schwer zu sehen, dass die Komplementaritätsthese allein ausreicht, um das komplexe Verhältnis der subjektiven Zeit zur objektiven Zeit befriedigend aufzuklären. Eher stellt diese These eine Motivation dar, weitere ernsthafte Versuche zu unternehmen, zu dieser Klärung beizutragen.

---

[167] Vgl. Kiefer 2011. Ich verdanke diese Hinweise Manfred Stöckler.
[168] Siehe dazu Sieroka 2018, 21–26.
[169] So z. B. Sieroka 2018, 24.
[170] Sieroka 2018, 255.

Einer der informativsten neueren Sammelbände zur subjektiven Zeit stellt allerdings unter anderem ausdrücklich die Frage, welche Beziehungen zwischen subjektiver und objektiver Zeit bestehen.[171] Dieses Buch ist bestrebt, Arbeiten zur subjektiven Zeit zu präsentieren, die zumindest zum Teil Aspekte der subjektiven Zeit herausarbeiten, die zeigen, wie die subjektive Wahrnehmung von Zeit mit Prozessen unserer Wahrnehmung der Realität der Welt zusammenhängt. Und es ist den Herausgebern zufolge diese Korrelation, die uns helfen könnte, besser zu verstehen, wie subjektive und objektive Zeit zusammenhängen. Genau dies ist auch die Richtung, die in den folgenden Überlegungen eingeschlagen wird. Allerdings wird diese Fragestellung nur gegen Ende des genannten Buches ernsthaft adressiert und beschränkt sich auf die Beziehungen der Wahrnehmung von Zeit auf die neurologische Basis dieser Wahrnehmung als „reales" Weltphänomen sowie auf die grundlegende Funktion unserer Wahrnehmung der Bewegungen und physiologischen Taktungen unseres eigenen Körpers (*embodied time*). Wir werden die Frage des Zusammenhangs zwischen subjektiver und objektiver Zeit dagegen, wie bereits angedeutet, mit Hilfe einer Kritik an einer allzu scharfen Dichotomie zwischen Subjektivität und Objektivität diskutieren und außerdem die Weltbezogenheit der Wahrnehmung von Präsenz, eine grundlegende Komponente der subjektiven Zeit, thematisieren. Zudem gehen wir davon aus, dass es dabei hilfreich sein könnte, die Wissenschaftssprache genauer zu bestimmen, in der mentale Episoden beschrieben werden sollten.

Die Beschreibung des Mentalen

Mentale Phänomene sollten in Begriffen der elementaren Philosophie des Geistes beschrieben werden und an das entsprechende Standardmodell des Geistes angepasst werden.[172] Diesem Modell zufolge ist der *menschliche Geist* auf der

---

171 Vgl. Arstila, Lloyd eds. 2014.
172 Für eine gute Einführung in die Standard-Theorie siehe Adams, Aizawa 2017; ferner Neander 2018; Glüer, Wikforss 2018; Pitt 2017. Ferner wird diese Theorie z. B. vertreten in Schlicht, Smortchkova Hrsg. 2018, Metzinger 2010, Beckermann 2008, Kim 1996, Kallestrup 2012, McGinn 1989, Boghossian 1995, Perner 1991, Rey 1997, Stich, Warfield 1994, Crane 2013, Dennett 1987, Detel 2013, Speaks 2017, Field 1978, Fodor 1981, 1990, Papineau 1987, Putnam 1975, Evans, McDowell 1976, McGlone 2012, Soames 1992, McDowell 1998, Detel 2002, Sperber 2000, Samson et al. 2004, Putnam 1988. Die historisch frühesten Überlegungen zur mentalen Repräsentationalität oder Intentionalität finden sich bei Brentano 1874 und Frege 1892. Weitere Literatur zum Thema *mentale Repräsentation* findet man auch unter dem Stichwort *Intentionalität* (*intentionality*), namentlich in angelsächsischen Arbeiten, vgl. z.B. Searle 1991, 1996, Dennett 1987, Jacobs 2019 (mit vielen weiteren Literaturangaben). Das legendäre Buch, mit dem Elizabeth Anscombe die

elementarsten Grundlage die Gesamtheit der geistigen (mentalen) Zustände und Aktivitäten des Menschen. Dazu gehören nicht nur Gedanken, sondern auch Gefühle, Träume und Wahrnehmungen. Nicht nur Denken, sondern auch Wahrnehmen, Träumen und Fühlen sind mentale Aktivitäten.

Mentale Zustände wie z. B. Wahrnehmungen oder Meinungen können gewöhnlich mit Hilfe einer dass-Klausel beschrieben werden, in der Form
(*) Person P nimmt wahr (meint), dass X (der Fall ist).

In Beschreibungen der Form (*) ist X der Inhalt des entsprechenden mentalen Zustandes. Dieser Inhalt X ist das, was der mentale Zustand repräsentiert.

Mentale Zustände, die etwas (ein X) repräsentieren, werden Repräsentationen genannt. X heißt auch der semantische Gehalt der Repräsentation. Ein mentaler Zustand ist eine Repräsentation, das heißt repräsentiert ein X und hat den semantischen Gehalt X, gleichgültig ob X korrekt (wahr) oder inkorrekt (falsch) ist.

Wenn zum Beispiel Christina meint, dass Davidson ein brillanter Philosoph ist, dann repräsentiert ihre Meinung, dass Davidson ein brillanter Philosoph ist, und zwar nicht nur dann, wenn Davidson tatsächlich ein brillanter Philosoph ist, sondern auch dann, wenn er in Wirklichkeit ein lausiger Philosoph ist. In beiden Fällen weist die Meinung von Christina denselben semantischen Gehalt auf, nämlich dass Davidson ein brillanter Philosoph ist, und das heißt gerade, dass ihre Meinung in dieser Hinsicht prinzipiell wahr oder falsch, also korrekt oder inkorrekt sein kann. Repräsentationen weisen demnach im Gegensatz zu physikalischen, chemischen oder biologischen Fakten Korrektheitsbedingungen auf. Repräsentationalität, also die wesentliche Korrelation mit semantischen Gehalten und Korrektheitsbedingungen, ist das grundlegende Merkmal mentaler (geistiger) Zustände.

Viele mentale Zustände sind bewusst. Allerdings müssen zwei verschiedene Arten des Bewusstseins unterschieden werden. Das *Subjektbewusstsein* ist die Fähigkeit von Personen (= Subjekten), sinnliche Reize für eine vorteilhafte Verhaltenssteuerung auszunutzen. Wenn einer Person das Subjektbewusstsein fehlt, dann ist sie bewusstlos. Das *Zustandsbewusstsein* ist demgegenüber die Erlebnisqualität (allgemeiner: der mentale Selbstbezug), mit der ein mentaler Zustand verbunden sein kann und die es uns ermöglicht, zu erfahren oder zu erleben, wie es ist, in diesem Zustand zu sein. Wenn einer Person das Zustandsbewusstsein fehlt, dann ist sie empfindungslos (allgemeiner nicht mental auf sich selbst bezogen). Drei der wichtigsten Formen des Zustandsbewusstseins sind das phäno-

---

moderne Theorie des Geistes weitgehend initiierte, hatte sogar den Titel *Intention* (vgl. Anscombe 1957). Aber es handelte sich nicht um ein Buch über die Absicht, sondern über die Intentionalität im Sinne der mentalen Repräsentationalität.

menale Bewusstsein, das Monitor-Bewusstsein und das Ich-Bewusstsein. Das phänomenale Bewusstsein besteht darin, zu spüren oder zu erleben, wie es ist, in einem bestimmten mentalen Zustand zu sein. Das Monitor-Bewusstsein besteht aus Gedanken höherer Ordnung, also Gedanken über eigene Gedanken. Emotionale Zustände sind Beispiele von phänomenalem Bewusstsein, etwa das Spüren oder Erleben, wie es ist, in Panik zu sein. Phänomenales Bewusstsein ist im Übrigen oft eine Grundlage für die Evaluierung von Dingen oder Zuständen und stellt den Kern unserer subjektiven Innerlichkeit dar. Ich-Bewusstsein ist eine spezielle Variante des Monitorbewusstseins – ein Bezug auf eigene Gedanken, die wir uns explizit selbst zuschreiben. Die Fähigkeit zu wissen, in welchen mentalen Zuständen wir uns gerade befinden (ein Wissen, das monitorbewusst ist), wird oft Autorität der ersten Person genannt. Subjektbewusstsein und Zustandsbewusstsein ist eine Eigenschaft vieler mentaler Zustände und niemals eine Eigenschaft physikalischer oder biologischer Zustände.

In unserem direkten Kontakt mit der Welt spielen mentale Zustände oft eine adaptive (d. h. vorteilhafte) kausale Rolle. Denn mentale Zustände werden meist von der Präsenz und Wahrnehmung eines Dinges kausal hervorgerufen, bewerten diese Dinge in Gestalt eines Gefühls, einer Meinung usw., und rufen ihrerseits eine Bewegungsreaktion kausal hervor, die in dieser Situation adaptiv ist. Diese adaptive Rolle wird auch als *Funktionalität* bezeichnet. Der Zustand Z eines Dinges D hat die *Funktion* F, wenn F in einer Situation S von Z kausal hervorgerufen wird und F in S für D adaptiv ist. Die adaptive Funktionalität ist ein weiteres grundlegendes Merkmal mentaler (geistiger) Zustände.

Es gibt folglich drei grundlegende Merkmale mentaler Zustände: Repräsentationalität, Bewusstsein und adaptive Funktionalität. Der subjektbewusste und repräsentationale Geist hat die Aufgabe, unseren Kontakt zur Welt so zu organisieren, dass wir etwas über die Welt in Erfahrung bringen und diese Erfahrungen verbessern können. Der zustandsbewusste Geist hat die Aufgabe, unsere Erkenntnisse über die Welt zu bewerten und einen Selbstbezug herzustellen. Und der funktionale Geist hat die Aufgabe, aus der Repräsentation und Bewertung von Dingen und Ereignissen in der Welt eine möglichst adaptive Reaktion zu ermitteln.

Mentale Zustände – eine Meinung, ein Wunsch, eine Befürchtung, eine Hoffnung usw. repräsentieren oft zwar dasselbe, also haben denselben semantischen Gehalt – aber auf unterschiedliche Weise oder in einem unterschiedlichen Modus. Wir können zum Beispiel meinen, hoffen oder befürchten, dass Trump wiedergewählt wird. In diesem Sinne weisen viele mentale Zustände einen psychologischen Modus (oder ein Format, wie auch oft gesagt wird) auf.

Mentale Zustände sind, ontologisch betrachtet, nicht eigenständige Elemente, sondern Zustände eines lebenden und aktiven Gehirns, die neben physikalischen und biologischen Eigenschaften auch mentale Eigenschaften – also Repräsentationalität, Bewusstsein und adaptive Funktionalität – aufweisen. Es gibt sogar gute Gründe anzunehmen, dass diese mentalen Eigenschaften von bestimmten neuronalen Eigenschaften der entsprechenden Gehirnzustände kausal hervorgerufen werden. Daher wird auch mit guten Gründen angenommen, dass es für jeden mentalen Zustand einen Gehirnzustand geben muss, von dessen neuronalen Eigenschaften seine mentalen Eigenschaften kausal hervorgerufen werden.

Wenn wir denken, dass p der Fall ist, und somit mental repräsentieren, dass p der Fall ist, dann sagen oder schreiben wir auch manchmal, dass p der Fall ist, und somit repräsentieren diese Äußerungen oder Texte ebenfalls, dass p der Fall ist. Es gibt gute Gründe anzunehmen, dass mentale Repräsentationen, dass p der Fall ist, zu den Ursachen der entsprechenden repräsentationalen Äußerungen und Texte gehören. Der wichtigste Grund ist, dass repräsentationale Äußerungen und Texte natürliche Zeichen für mentale Repräsentationen mit demselben semantischen Gehalt sind, die wir direkt beobachten können, so dass wir aus Äußerungen und Texten auf die korrelierten mentalen Zustände, die wir nicht direkt beobachten können, zurückschließen dürfen. Auf diese Weise können wir *mind reading* betreiben, also mentale Zustände anderer geistiger Wesen, die zu sprechen oder zu schreiben vermögen, erfassen – eine Aktivität, die für soziale Wesen höchst vorteilhaft ist.

Subjektivität und Objektivität

Zunächst gilt es daran zu erinnern, dass – wie bereits erwähnt – die Debatte um die objektive und subjektive Zeit meist von Grundsatz (A) ausgeht, demzufolge etwas subjektiv ist genau dann, wenn es nicht objektiv ist. Eine verbreitete Auffassung ist

(1) Objektivität ist Geist-Unabhängigkeit (*mind-independency*), Subjektivität ist Geist-Abhängigkeit (*mind-dependency*).

Gottlob Frege bemerkt beispielsweise:

„Wenn wir sagen 'Die Nordsee ist 10000 km² groß', dann beziehen wir uns weder mit 'Nordsee' noch mit '10000' auf irgendwelchen Zustand oder Prozess in unserem Geist: im

Gegenteil, wir behaupten etwas sehr Objektives, das unabhängig von unseren Ideen und Ähnlichem ist".[173]

Nach (1) muss jede subjektive Eigenschaft eines Dinges in Begriffen der Art und Weise, wie dieses Ding ein geistiges Wesen affiziert, artikuliert werden. Zudem kann (1), wie bereits bemerkt, auch als ontologische These verstanden werden:

(2) X ist
(a) objektiv genau dann, wenn X unabhängig von geistigen Wesen existiert und Bestandteil der physikalischen Realität ist,
(b) subjektiv genau dann, wenn X nur abhängig von geistigen Wesen existiert und nicht Bestandteil der physikalischen Realität ist.

Thesen (1) und (2) werden oft mit der Idee der Perspektivität korreliert. Das heißt, geistige Wesen entwickeln verschiedene Standpunkte und Gesichtspunkte, von denen aus sie auf die Welt blicken. Anders ausgedrückt, geistige Wesen betrachten oder „nehmen" die Welt stets auf eine bestimmte Weise (*taking the world a certain way*).[174] Aus dieser Sicht wäre Objektivität nach Axiom (A) die Überwindung der Perspektivität:

(3) Subjektivität ist Perspektivität, Objektivität ist Abschwächung und idealerweise Überwindung der Perspektivität.

Subjektive Perspektivität kann darauf zurückgehen, dass ein individuelles geistiges Wesen sich in jeweils spezifischen Raum-Zeit-Zonen bewegt (individuelle Perspektivität), oder darauf, dass dieses Wesen zu einer bestimmten natürlichen Art gehört, deren Angehörige denselben kognitiven Apparat besitzen, der externe Stimuli typischerweise auf besondere Art prozessiert (generische Perspektivität). Eine weitere Version von Perspektivität sind spezifische begriffliche Schemata (*conceptual schemes*, wie Davidson sie versteht).

Eine andere Form der Subjektivität ist das Zustandsbewusstsein, insbesondere auch das phänomenale Bewusstsein. Emotionale Zustände sind Beispiele von phänomenalem Bewusstsein, etwa das Spüren oder Erleben, wie es ist, in Panik zu sein. Bewusstsein (von jetzt an immer im Sinne von Zustandsbewusstsein) ist im Übrigen oft eine Grundlage für die Evaluierung von Dingen oder Zuständen. Ohne Bewusstsein würde es demnach für uns um nichts gehen, nichts

---

173 Frege 1988, 34.
174 Kallestrup 2012, 1.

wäre zum Beispiel ein Grund zur Sorge. Bewusstsein ist Subjektivität im Sinne einer individuellen Innerlichkeit:

(4) Subjektivität ist Bewusstsein, Objektivität ist das Fehlen von Bewusstsein.

Nach (A) und (4) ist ein Roboter, der ähnlich wie Menschen externe Stimuli adäquat, und das heißt insbesondere auf adaptive Weise, zu prozessieren vermag, meist wahre Repräsentationen von der Welt produziert und auf rationale Weise handelt, aber keine Emotionen hat, kein subjektives Wesen und in diesem Sinne kein Subjekt.

Die Dichotomie zwischen Subjektivität und Objektivität wird oft auch in epistemologischen Begriffen definiert. Verschiedene Menschen haben sehr oft verschiedene Einstellungen und Meinungen über dieselben Dinge. Einige schätzen zum Beispiel die Musik Richard Wagners über die Maßen, andere (einschließlich des Autors dieser Zeilen) finden sie schwülstig und pathetisch. Doch scheint es keine allseits akzeptablen Kriterien zu geben, um zweifelsfrei zu entscheiden, welche dieser Einstellungen gegenüber Wagners Musik korrekt ist. Gehen wir jedoch zum Beispiel von den Axiomen der Algebra aus, dann ist das Urteil „65 + 75 = 140" nicht nur wahr, sondern auch objektiv, weil jede Person, die die Axiome der Algebra beachtet, zu demselben Urteil kommt:

(5) Eine Meinung oder Bewertung ist
(a) subjektiv, wenn ihr Wahrheitswert nicht auf allseits akzeptable Weise ermittelt werden kann,
(b) objektiv, wenn ihr Wahrheitswert auf allseits akzeptable Weise ermittelt werden kann.

Zuweilen wird (5) in einer strengeren Form vertreten:

(6) Eine Meinung oder Bewertung ist
(a) subjektiv, wenn sie keinen Wahrheitswert hat,
(b) objektiv, wenn sie einen Wahrheitswert hat.

In der klassischen analytischen Philosophie wurde zum Beispiel behauptet, dass Emotionen subjektiv im Sinne von (6)(a) sind. Die Objektivität im Sinne von (6)(b) scheint eher schwach zu sein, denn sie läuft aus heutiger Sicht darauf hinaus, dass objektive Meinungen oder Bewertungen einen bestimmten semantischen Gehalt haben, also etwas „bedeuten". Es mag mehr Formen der Dichotomie von Subjektivität und Objektivität geben, zum Beispiel Abhängigkeit oder Unabhängigkeit von bestimmten Kontexten. Im Folgenden wird jedoch nur von den Varianten (1)–(6) ausgegangen.

Bewusstsein (im Folgenden immer im Sinne von Zustandsbewusstsein) ist der grundlegendste Fall von Subjektivität. Bewusstsein ist subjektiv nicht, weil bewusste Zustände geist-abhängig sind, und nicht, weil bewusste Zustände nicht real sind, sondern weil Bewusstsein einen mentalen Selbstbezug sowie die Fähigkeit einer von geistigen Wesen ausgehenden Evaluation von externen Dingen und Ereignissen involviert. Im Übrigen enthält Bewusstsein die Autorität der ersten Person, die von einflussreichen Denkern wie Donald Davidson, die das traditionelle Verständnis von Subjektivität als Mythos denunzieren, als letztes Residuum der Subjektivität betrachtet wird.[175]

Allerdings scheint Bewusstsein eine Form der Subjektivität zu sein, die dem Grundsatz (A) nicht genügt. Die Menge aller nicht-bewussten oder unbewussten Dinge, Zustände und Ereignisse ist so groß und vielfältig, dass sie keine sinnvolle Kategorie darstellt. Es gibt zum Beispiel mentale Zustände, die repräsentational, aber nicht bewusst sind. Nach Grundsatz (A) müssten diese mentalen Zustände objektiv sein. Bewusstsein ist demnach eine Art von Subjektivität, die sich nicht in die strikte Dichotomie von Subjektivität und Objektivität einbetten lässt. Da Bewusstsein eine grundlegende Art von Subjektivität ist, impliziert bereits dieser Befund erhebliche Vorbehalte gegenüber der strikten Dichotomie von Subjektivität und Objektivität im Sinne von Grundsatz (A).

Probleme mit absoluter Objektivität

Nach Grundsatz (A) enthält Objektivität idealerweise keinerlei subjektive Komponenten oder Aspekte. Die ontologische Version dieser absoluten Objektivität besagt These (2)(a) zufolge, dass etwas objektiv ist genau dann, wenn es vollständig unabhängig von geistigen Wesen existiert und Bestandteil der physikalischen Realität ist. Wir haben gesehen, dass viele neuere psychologische Arbeiten von dieser Idee einer absoluten Objektivität ausgehen. Diese Idee ist jedoch prima facie aus zwei Gründen verdächtig.

Zum einen privilegiert sie die Physik als Wissenschaft, die den primären Zugang zur Objektivität besitzt. Objektiv sind nur die von der Physik beschriebenen Tatsachen. Da sich weder Chemie noch Biologie noch Theorien des Geistes noch Sozialwissenschaften noch Geschichtswissenschaft auf Physik reduzieren lassen, müssten die von diesen Wissenschaften erforschten Sachverhalte als

---

175 Vgl. Davidson 1988 über den *myth of the subjective*.

subjektiv und nicht-existent angesehen werden. Diese Konsequenz ist absurd und insbesondere empirisch falsch. Sie beruht auf der Ideologie des reduktiven Naturalismus, die zwar unter vielen Physikern und einigen Philosophen verbreitet, aber bisher in keiner Weise empirisch gerechtfertigt worden ist. Wie zum Beispiel soziale Ausdrücke wie „Innenminister" oder historische Ausdrücke wie „Renaissance" physikalistisch reformuliert werden könnten, ist bisher nicht auch nur annähernd gezeigt worden. Zugleich wäre es absurd zu leugnen, dass es zum Beispiel in unserer Welt Innenminister gibt.

Zum zweiten enthält die Idee der absoluten Objektivität das Kriterium der Unabhängigkeit vom Geistigen, das – genauer betrachtet – mehr als unklar ist. Wir können mindestens vier Varianten unterscheiden:

> G1 X ist geist-unabhängig genau dann, wenn die Existenz von X unabhängig ist von der Existenz geistiger Wesen (das heißt, von Wesen, die über einen Geist verfügen).
> G2 X ist geist-unabhängig genau dann, wenn die Existenz von X unabhängig ist von Handlungen oder Verhaltensweisen geistiger Wesen.
> G3 X ist geist-unabhängig genau dann, wenn X nicht ein mentaler Zustand eines geistigen Wesens ist.
> G4 X ist geist-unabhängig genau dann, wenn X nicht von einem mentalen Zustand eines geistigen Wesens repräsentiert wird oder repräsentiert werden kann.

Die Varianten G1 und G2 scheinen auf den ersten Blick auf dasselbe hinauszulaufen. Das ist jedoch nicht der Fall. Denn es kann Ereignisse geben, die davon abhängen, dass geistige Wesen existieren, ohne dass sie davon abhängen, dass geistige Wesen gehandelt haben, zum Beispiel der Angriff eines Tieres auf einen Artgenossen in der falschen Annahme, der Artgenosse könnte ihm gefährlich werden. G2 impliziert jedoch, dass materielle Artefakte, zum Beispiel Häuser oder Autos, subjektive Entitäten sind, ebenso wie mentale Zustände. Denn nach G2 und Grundsatz (A) ist X geist-abhängig genau dann, wenn X abhängig von Handlungen der Verhaltensweisen geistiger Wesen ist. Das ist sicherlich eine unwillkommene Konsequenz. Die Varianten G3 und G4 binden Subjektivität an Mentalität und somit das Objektive an all das, was nicht mental ist. G3 impliziert, dass absichtlich und geplant hergestellte Artefakte geist-unabhängig sind, obgleich sie ohne mentale Aktivitäten nicht existieren würden, was nicht plausibel zu sein scheint. Und G4 ist problematisch, weil hier die Objektivität an kontingente Fähigkeiten geistiger Wesen gekoppelt wird. Wenn X zunächst nicht, später aber sehr wohl repräsentiert wird (werden kann), so geht X aus einem objektiven in einen subjektiven Status über, ohne sich selbst geändert zu haben. Diese logische Konsequenz falsifiziert G4. Es bleibt These G1, also eine Behauptung, die zwar sehr verbreitet ist, aber offen lässt, wie wir uns vergewissern können, dass und wie wir das Objektive, das von unserer gesamten Existenz unabhängig ist, überhaupt ermitteln oder erkennen können. Wollten wir zum Beispiel behaupten, dass große Teile des Universums unabhängig von der Existenz aller Menschen existieren, so ist diese These offensichtlich abhängig davon, wie wir Menschen kognitiv auf die Welt schauen.

Eine Reihe einflussreicher Denker hat diese Vorbehalte in eine grundsätzlichere Kritik an der Idee der absoluten Objektivität und insbesondere an G1 überführt. Aus ihrer Sicht beruht diese Idee auf der Unterscheidung zwischen Realität und Erscheinung. Die Art und Weise, wie die Welt wirklich ist, muss unterschieden werden von der Art und Weise, wie die Welt verschiedenen geistigen Wesen oder „Subjekten" erscheint, schon allein deshalb, weil Subjekte sich jeweils in unterschiedlichen Raum-Zeiten aufhalten und daher unterschiedliche Perspektiven auf die Welt einnehmen. Demnach verlangt absolute Objektivität die Überwindung aller speziellen Perspektiven auf die Welt. Diese Forderung läuft auf die Konzeption einer Welt hinaus, wie sie an sich und für sich selbst ist – auf die absolute Konzeption der Welt. Und es gilt weithin als zentrales Ziel von Wissenschaften, die Welt so zu erkennen, wie sie an sich und für sich selbst ist.

Für Philosophen wie Tom Nagel und John McDowell ist mit der absoluten Konzeption der Welt ein „Blick von nirgendwo her" (*view from nowhere*) verbunden, der keinen Sinn macht.[176] Denn entweder spezifiziert diese Konzeption die Welt in irgendeiner Weise oder nicht. Im ersten Fall würde die Konzeption der Welt notwendigerweise einige spezielle Aspekte enthalten und somit nicht mehr absolut sein, im zweiten Fall würde die Konzeption der Welt unserem Zugriff komplett entgleiten und illusionär werden. McDowell behauptet sogar, dass diese Kritik mehr als „natürlich" und naheliegend ist:

„It is natural to wonder whether the idea of transcending special points of view really make sense".[177]

In einem provokativen Paper behauptet einer der einflussreichsten Logiker und Philosophen des 20. Jahrhunderts, Willard van Orman Quine, dass genau diejenigen Dinge existieren, von denen unsere jeweils besten Theorien sagen, dass sie existieren.[178] Das ist Quines pointierte und radikale Variante der Zurückweisung von These G1, der absoluten Konzeption von Realität und Objektivität und des

---

176 Vgl. Nagel 1989.
177 McDowell 1998a, 118 f.
178 Siehe Quine 1948.

metaphysischen Dualismus von Objektivem und Subjektivem. Denn Quine identifiziert das metaphysisch Objektive, also das, was wirklich existiert, mit dem Inhalt menschlicher Theorien, die zum subjektiven Blick auf die Welt gehören, auch wenn sie auf epistemologische Objektivität zielen.

Donald Davidson, Quines berühmteste Schüler, interpretiert den Dualismus von Subjektivität und Objektivität als die Unterscheidung zwischen Schema und Inhalt und bezeichnet die Preisgabe oder zumindest gründliche Umgestaltung des traditionellen Dualismus von Objektivem und Subjektivem als den „am meisten versprechenden und interessantesten Wandel, der sich heute in der Philosophie abspielt."[179] In seinem einflussreichen Artikel „Was ist eigentlich ein Begriffsschema" präsentiert Davidson seine Kritik im Detail und offeriert ein aufschlussreiches Beispiel für die neue Art und Weise der gegenwärtigen Philosophie, über das Subjektive und Objektive nachzudenken.[180] Davidsons Begriffe von Schema und Inhalt sind auf der elementarsten Ebene so zu verstehen, dass Schemata subjektive Formen der Deutung und Ordnung eines gegebenen objektiven Gegenstandsbereichs, also eines Inhalts sind. Die Perspektivität der subjektiven Schemata macht sich dann darin geltend, dass es verschiedene Schemata gibt, die nicht aufeinander reduzierbar sind. Davidson nennt die Vielfalt der Perspektiven auch Begriffsrelativismus, wobei „Begriff" für Schemata steht, weil die Schemata meist sprachlich oder begrifflich artikuliert werden. Und dass verschiedene subjektive Perspektiven auf die Welt nicht aufeinander reduzierbar sind, heißt dann, dass sie nicht ineinander übersetzbar sind. Aus dieser Sicht besagt der traditionelle Dualismus von Objektivem und Subjektivem, dass es verschiedene subjektive Perspektiven auf die objektive Welt gibt, die erstens nicht ineinander übersetzbar sind und zweitens die objektive Welt ordnen oder zu ihr passen. Es sind diese beiden Thesen, die Davidson heftig attackiert.

Zum einen weist er darauf hin, dass die Behauptung, es gäbe verschiedene Schemata, offensichtlich voraussetzt, dass wir in einer bestimmten Sprache über sie reden, sie verstehen und sie unterscheiden können. Aber das bedeutet auch, dass wir diese Schemata in die Sprache, in der wir über sie reden, müssen übersetzen können. Der Begriffsrelativismus, der von verschiedenen Schemata spricht und sie für unübersetzbar hält, ist demnach inkonsistent. Zum anderen nimmt der Begriffsrelativismus, genauer betrachtet, eine Position ein, von der aus er alle Schemata als perspektivisch kennzeichnen kann (ganz ähnlich wie der Standpunkt der absoluten Objektivität). Diese Position befindet sich also jenseits aller Schemata, als archimedischer Punkt, von dem her alles andere betrachtet

---

[179] Davidson 1993, 91.
[180] Vgl. Davidson 1990.

werden kann. Doch dieser archimedische Punkt ist ein Gottesstandpunkt, der, wie Davidson geltend macht, für Menschen nicht zu haben ist. Wir Menschen müssen uns immer einer bestimmten Sprache bedienen, also auch immer von der Perspektivität ausgehen, die mit dieser Sprache verbunden ist, auch wenn wir über andere Perspektiven reden. Wenn wir jedoch die Übersetzbarkeitsthese berücksichtigen, dann wird klar, dass die eigene Perspektive stets zugleich die allgemeine Perspektive ist – allgemein nicht in dem Sinne, dass sie nicht prinzipiell revidierbar wäre, sondern in dem Sinne, dass sich alle Perspektiven in sie müssen übersetzen lassen.

Wir können diesen Gedanken mit Davidson auch so formulieren: die begriffsrelativistische These, dass jedes Begriffsschema und jede Sprache die Realität perspektiviert und in diesem Sinne verfälscht, ist absurd. Denn diese These setzt voraus, dass der Geist sich ohne Verfälschung, also ohne Kategorien und Begriffe mit der Realität auseinandersetzen kann und dass er jedes Begriffsschema abstreifen kann. Das ist jedoch unmöglich.

Auch die Vorstellung, dass Begriffsschemata die Realität, die Welt, die Erfahrung oder die Sinnesreize ordnen oder zu ihnen passen können, lässt sich nicht verständlich machen. Denn dasjenige, was da geordnet werden soll, lässt sich entweder überhaupt nicht identifizieren, oder es lässt sich in einer gemeisterten natürlichen Sprache identifizieren. Im ersten Fall geht uns der Inhalt, die Welt verloren, im zweiten Fall sind wir stets auf eine bestimmte Perspektive verwiesen. Das ist eine desaströse Alternative für die Vorstellung des Ordnens. Die Vorstellung des Passens dagegen versucht zu sagen, dass die Realität der Erfahrung das einzige Belegmaterial für die Akzeptanz von Sätzen ist. Hier ist der Aspekt der Wahrheit im Spiel. Dass Sätze der Erfahrung oder Realität entsprechen, heißt gerade, dass sie wahr sind. Allerdings ist es nicht die Erfahrung oder eine Menge von Sinnesreizen, die den Satz „p" wahr macht – sondern die Tatsache, dass p der Fall ist. Oder besser, um den problematischen Tatsachenbegriff zu vermeiden, der Satz „p" ist wahr genau dann, wenn p der Fall ist. In diesem Sinne passt der Satz „p" zur Tatsache p. Doch der Satz S = „Der Satz "p" ist wahr genau dann, wenn p der Fall ist" ist in einer Sprache SP formuliert, die über den Satz „p" spricht (also in einer Metasprache) und setzt voraus, dass auch die Tatsache, dass p der Fall ist, in einer Sprache SP* beschrieben wird (in der Objektsprache). Damit ist aber auch klar, dass S die Übersetzbarkeit von SP* in SP voraussetzt. Die Idee des Passens ist demnach ebenfalls unvereinbar mit der begriffsrelativistischen These der Unübersetzbarkeit. Damit sind die zentralen Komponenten des Dualismus von Schema und Inhalt, und daher auch des Dualismus von Subjektivem und Objektivem widerlegt.

Wir können die von Quine, Davidson, Nagel und McDowell (die zu den einflussreichsten Philosophen der 2. Hälfte des 20. Jahrhunderts gehören) artikulierte

Kritik auch auf eine allgemeinere Weise formulieren. Die Welt, die sich hinter dem subjektiven Schleier nicht nur all unserer Theorien, sondern auch all unserer Sprachen und Wahrnehmungen befindet, scheint die absolut objektive Welt zu sein. Doch diese Welt muss für uns per definitionem unerforschlich bleiben. Kant hat diese Welt den Bereich der Dinge an sich genannt und über Quine hinaus behauptet, dass diese Welt, obzwar prinzipiell für uns unerforschlich, gleichwohl existieren muss. Es gibt vermutlich keine Idee Kants, die heftiger kritisiert worden ist als seine Vorstellung über die Dinge an sich. Doch gibt es durchaus eine Reihe von guten Gründen dafür, diese Vorstellung zu akzeptieren. Sie blockiert zum Beispiel den Idealismus, dem Quines Position gefährlich nahekommt, wenn nicht sogar impliziert, und sie kann durch Argumente für die beste Erklärung einiger Phänomene wie etwa die Falsifikation von Theorien unterstützt werden.

Alles in allem scheint es starke Argumente für eine Ablehnung des Konzepts einer absoluten Objektivität zu geben, die von jeder Art von Subjektivität separiert ist. Dieser Befund ist seinerseits logisch unvereinbar mit Grundsatz (A).

Probleme mit absoluter Subjektivität

Grundsatz (A) impliziert nicht nur, dass es Objektivität ohne jede Subjektivität gibt, sondern auch, dass es Subjektivität ohne jede Objektivität gibt. Um dieses Konzept der absoluten Subjektivität zu prüfen, ist es hilfreich, auf die grundlegendste Eigenschaft des Geistes, die Repräsentationalität, zurückzukommen. Diese Prüfung ist auch deshalb wichtig, weil wir die subjektive Zeit, was immer sie genauer sein mag, als „Gegenstand" bestimmter Wahrnehmungen, unter anderem der Wahrnehmungen von Präsenzen, ausgezeichnet haben und die objektive Zeit, was immer sie genauer sein mag, als „Gegenstand" physikalischer Theorien. In Begriffen der skizzierten Beschreibung des Mentalen können wir diese Thesen so ausdrücken,
- dass Wahrnehmungen Repräsentationen sind und die subjektive Zeit zum semantischen Gehalt bestimmter perzeptiver Repräsentationen gehört, sowie
- dass Theorien Repräsentationen sind und die objektive Zeit zum semantischen Gehalt bestimmter physikalischer Theorien gehört.

Daher ist es von einiger Relevanz zu untersuchen, wie es um die „Subjektivität" oder „Objektivität" der Repräsentationen bestellt ist.

Bereits Franz von Brentano in seiner „Psychologie vom empirischen Standpunkt",[181] Gottlob Frege in seinem bahnbrechenden Artikel „Über Sinn und Bedeutung"[182] und Elizabeth Anscombe in ihrem gefeierten Buch „Intention",[183] die historisch gesehen das Konzept der mentalen und sprachlichen Repräsentation erstmals präzise beschrieben haben, betonen den subjektiven Charakter der Repräsentation: eine Sache zu repräsentieren heißt, diese Sache in einer bestimmten Weise und folglich aus einer bestimmten Perspektive zu betrachten. Diese Auffassung ist bis heute weit verbreitet:

> „Mentale Repräsentationen werden vornehmlich eingeführt zur Erklärung des flexiblen intelligenten Verhaltens von Lebewesen ... Intelligentes Verhalten setzt .. die Fähigkeit voraus, die Welt als in bestimmter Weise seiend zu repräsentieren".[184]

Die Perspektivität von Repräsentationen wird zuweilen auch Opakheit genannt:

> „Die zweite Eigenschaft propositionaler Einstellungen <sc. Repräsentationen> ist ihre sogenannte Opakheit. Darunter versteht man, dass in dem jeweils vorgestellten – repräsentierten – Sachverhalt die beteiligten Dinge jeweils nur im Hinblick auf einen ihrer Aspekte vorgestellt werden".[185]

Die Perspektivität oder Aspekt-Bezogenheit von Repräsentationen wird mittlerweile auch in der Psychologie anerkannt:

> „The notion of 'representation' implies at least two separate but functionally related domains or worlds: a represented world and a representing world. The representation is an element within the representing world, and it reflects, stands for or signifies some aspect of the represented world. In understanding a representational system, it is important to specify (a) which aspects of the represented world are being represented, (b) which aspects of the representing world instantiate or otherwise encode the representation, and (c) what are the correspondences between the represented world and representing world."[186]

Die klassische analytische Philosophie hat entscheidend dazu beigetragen, mentale Repräsentationen als etwas Subjektives zu betrachten, vor allem durch ihre scharfe Unterscheidung zwischen empirischen Wissenschaften und Formalwissenschaften. Demnach beschäftigen sich empirische Wissenschaften wie

---

181 Siehe v. Brentano 1874.
182 Siehe Frege 1892.
183 Siehe Anscombe 1957.
184 Schlicht, Smortchkova 2018, 10.
185 Schröder 2004, 140.
186 Hubbard 2007, 38.

Physik oder Chemie mit der objektiven Welt, während die Formalwissenschaften (Logik, Mathematik und Philosophie) die Bedeutungen, also die semantischen Gehalte wissenschaftlicher Repräsentationen der Welt rekonstruieren. Aus dieser Sicht beschäftigen sich die Formalwissenschaften nicht mit der objektiven Welt, sondern mit der subjektiven Art und Weise, wie wir über die Welt denken und reden.

Doch involvieren Repräsentationen auch eine Art von Objektivität. Denn die Eigenschaft von Repräsentationen, Korrektheitsbedingungen aufzuweisen, impliziert bereits eine Korrelation mit der externen objektiven Welt. Es geht in diesem Kontext, wie John McDowell betont, um die grundlegende Idee des Denkens, die eine Ausrichtung auf die objektive Welt involviert. Diese Ausrichtung ist normativ, in dem Sinne, dass unser Denken beantwortbar ist durch die objektive Welt, also dadurch, wie die Dinge wirklich sind. Und die elementarste Form des Denkens ist das empirische Denken, das heißt die Erfahrung, die beantwortbar ist durch die empirisch zugängliche Welt. McDowell bezeichnet diese These als minimalen Empirismus:

> „That is what I mean by „a minimal empiricism": the idea that experience must constitute a tribunal, mediating the way our thinking is answerable to how things are, as it must be if we are to make sense of it as thinking at all".[187]

Mehr noch, während sich jede einzelne gegebene Repräsentation prinzipiell als falsch herausstellen kann, soviel auch anfangs für ihre Wahrheit sprechen mag, ist es doch, wie unter anderem Davidson betont, unmöglich, dass alle oder auch nur die meisten unserer Repräsentationen falsch sind.[188] Einer der Gründe dafür ist, dass die Identifikation falscher Repräsentationen den Rückgriff auf zahlreiche wahre Repräsentationen erfordert. Ein weiterer Grund ist, dass Verstehen im Sinn eines *mind reading* sowie sprachliche und nichtsprachliche Kommunikation oft erfolgreich sind und erfolgreiches Verstehen und Kommunizieren auf wahren Repräsentationen beruhen müssen. Ein dritter Grund ist, dass kognitive Apparate, die viele falsche Repräsentationen produzieren, keinen adaptiven Wert hätten und daher durch evolutionäre Mechanismen nicht hätten selektiert werden können. Der offensichtlichste adaptive Wert von Repräsentationen ist die Ermöglichung von schnellem Lernen und damit auch, wie bereits betont, von flexiblem intelligentem Verhalten. Der repräsentationale Geist ist wesentlich ein Werkzeug für ein Lernen, das viel schneller ist als evolutionäre Mechanismen. Doch damit der repräsentationale Geist ein schnelles Lernen erfolgreich vollzie-

---
187 McDowell 1994, xii.
188 Vgl. Davidson 1974.

hen kann, müssen die weitaus meisten Repräsentationen wahr sein. Eine der elementarsten Formen der mentalen Subjektivität und Perspektivität, die Repräsentationalität, entschlüsselt daher in den weitaus meisten Fällen die objektive Welt und stellt daher eine Subjektivität dar, die objektive Komponenten aufweist – eine objektive Subjektivität.[189]

Externalistische Semantik

Es war jedoch vor allem die externalistische Wende der Semantik, die am deutlichsten die objektiven Aspekte der repräsentationalen Subjektivität herausgearbeitet hat.[190] Der traditionelle semantische Internalismus insistiert darauf, dass die mentalen Zustände einer Person ausschließlich von internen Eigenschaften dieser Person (typischerweise von ihren Gehirnzuständen) abhängen. Der semantische Externalismus tritt in unterschiedlichen Varianten auf, aber seine zentrale Idee und Einsicht ist, dass unsere mentalen Zustände auch davon abhängen, dass wir in einer bestimmten Weise mit der externen, objektiven Welt korreliert sind. So gehen zum Beispiel kausale Theorien semantischer Gehalte von der Annahme aus, dass eine Repräsentation von X unter normalen Bedingungen impliziert, dass X die externe Ursache der Repräsentation von X ist (normale Bedingungen sind dabei jene Bedingungen, unter denen die Repräsentation selektiert wurde). Zum Beispiel repräsentieren einige unserer Gedanken Hunde (das heißt, dass dort Hunde sind), weil die Anwesenheit von Hunden unter normalen Bedingungen die Repräsentation von Hunden verursacht.

Semantische Externalisten behaupten typischerweise, dass es metaphysisch möglich ist, dass es zwei physisch identische Kreaturen gibt, derart dass nur eine der beiden Kreaturen eine bestimmte Eigenschaft aufweist, und zwar als Resultat einer Einbettung beider Kreaturen in unterschiedliche externe, objektive Kontexte. Nehmen wir beispielsweise an, es gäbe zwei kleine Kinder, die eineiige Zwillinge sind und überdies zufällig exakt dieselben physischen Eigenschaften haben, darunter eine Narbe auf ihrer Haut, die wir durch physikalische Termini der Art „P" beschreiben können. Der semantische Gehalt von „P" ist dann durch rein physische, interne Merkmale der Kinder bestimmt. In diesem Fall spricht man von engen semantischen Gehalten. Doch nehmen wir weiter an, dass das eine der beiden Kinder seine Narbe durch einen Insektenbiss, das andere dagegen durch

---

[189] In der Literatur wird nur selten darauf hingewiesen, vgl. Nielsen 1993, Anderson 1998, Liz Guriérrez 2015.
[190] Vgl. Lau, Deutsch 2019.

eine Mikro-Operation erhalten hat. In diesem Fall bestehen semantische Externalisten darauf, dass die Verursachung durch Insekten oder Mikro-Operationen zum semantischen Gehalt von „P" gehören. Wir hätten dann zwei verschiedene Termini und Narben, zum einen die durch einen Insektenbiss hervorgerufene Narbe der physischen Art P, zum anderen die durch eine Mikro-Operation hervorgerufene Narbe derselben physischen Art P. In diesem Fall redet man von einem weiten semantischen Gehalt, der sich auch auf externe objektive Sachverhalte bezieht, von denen semantische Gehalte geprägt werden können. Semantischer Externalismus ist im Kern die These, dass die meisten unserer Gedanken und Äußerungen weite semantische Gehalte aufweisen. Historisch gesehen ist diese These zunächst für Eigennamen und Termini für natürliche Arten nachgewiesen worden.[191]

Die beiden raffiniertesten Varianten des semantischen Externalismus sind die Teleosemantik und der Interpretationismus. Die Teleosemantik, ursprünglich von Ruth Millikan entwickelt, behauptet, dass semantische Gehalte durch ihre evolutionären Funktionen bestimmt sind. Das bedeutet nicht, dass diese Bestimmung eine kausale Verursachung ist, sondern dass semantische Gehalte durch ihre evolutionären Funktionen identifiziert, individuiert und konstituiert werden. Wir verdanken der Teleosemantik überzeugende Gründe dafür, dass auch nicht-sprachliche mentale Zustände und Zeichen semantische Gehalte aufweisen und somit etwas in der Welt repräsentieren.[192]

Der Interpretationismus, wie er vor allem von Donald Davidson ausgearbeitet wurde, geht von der empirischen Annahme aus, dass intersubjektive Kommunikation, also wechselseitiges Verstehen und *mind reading*, in den meisten Fällen erfolgreich ist, nicht zuletzt, weil unsere Gedanken und die Zeichen, die wir für intersubjektive Kommunikation verwenden, semantische Gehalte haben, die nicht idiosynkratisch, sondern öffentlich sind und von den Kommunikationspartnern geteilt werden. Davidson kann zeigen, dass erfolgreiche intersubjektive Kommunikation eine Art von Triangulation voraussetzt, die eine ständige Anpassung der semantischen Gehalte an die externe objektive Welt involviert.[193] Mehr noch, Davidson weist nach, dass semantische Gehalte von sprachlichen Äußerungen und Gedanken auf Strukturen der objektiven Welt beruhen.[194] Wie er in seinem bekannten Artikel „The myth of the subjective" ausführt, kann der

---

[191] Kripke 1972, Putnam 1974, 1975.
[192] Vgl. Millikan 1984. Siehe auch Millikan 1995 sowie zur Übersicht Detel 2001.
[193] Vgl. Davidson 2011.
[194] Vgl. Davidson 1989.

Gemeinplatz, dass wir Menschen die Bedeutung der von uns verwendeten Wörter im Blick auf die externe Welt lernen („das Ding da heißt ‚Ball'"), in Begriffen sogenannter Wahrheitstheoreme (*truth-theorems*, T-Theoreme) reformuliert werden, die besagen, dass Sätze oder Äußerungen der Form „x ist ein P" wahr sind genau dann, wenn x ein P ist.[195] Im Zuge einer logischen Vernetzung von T-Theoremen formieren sich, wie Davidson im Detail nachweist,[196] semantisch gehaltvolle Äußerungen und Gedanken.

Der allgemeine Befund der skizzierten Überlegungen ist die Diagnose, dass Repräsentationen eine objektive Subjektivität aufweisen. Wir haben insbesondere gesehen, dass es im Bereich von Repräsentationen genauer eine geist-theoretische, epistemologische und semantische Variante objektiver Subjektivität gibt. Aus dieser Sicht macht die objektive Subjektivität, die den Grundsatz (A) falsifiziert, den Kern unseres kognitiven Status aus.

Emotionale Reaktionen sind geeignet, die objektive Subjektivität mentaler Zustände und Prozesse zu illustrieren. In der analytischen Philosophie, aber auch in der Psychologie werden emotionale Reaktionen durchweg als rein subjektiv betrachtet, weil sie persönliche, individuelle Evaluationen von Dingen und Ereignissen involvieren. Doch Emotionen und emotionale Reaktionen sind offensichtlich auch nicht-sprachliche Repräsentationen. Nehmen wir an, dass Maria in ihrer Nähe einen großen Bären entdeckt und von einer Panik überfallen wird. Ihre Panik ist eine Basis-Emotion, die zweifellos eine persönliche Evaluation ausdrückt, nämlich dass der Bär eine große Gefahr für sie darstellt. Aber dass der Bär in dieser spezifischen Situation für Maria persönlich eine große Gefahr darstellt, ist zugleich auch der semantische Gehalt ihrer Panik. Denn zwar mag es sehr wohl tatsächlich so sein, dass der Bär für Maria sehr gefährlich ist, aber es könnte auch sein, dass der Bär gerade satt ist, sich für Maria überhaupt nicht interessiert und daher keine Gefahr für sie darstellt. Mit anderen Worten, Marias Panik kann korrekt oder inkorrekt sein, weist also Korrektheitsbedingungen auf und ist daher eine Repräsentation der Gefahr, die von dem Bären in dieser spezifischen Situation für Maria ausgeht. Emotionale Reaktionen weisen daher in genau demselben Sinn objektive Subjektivität auf, wie dies allgemein für Repräsentationen gilt.[197]

---

195 Vgl. Davidson 1988. Das heißt jedoch nicht, dass die T-Theoreme direkt zur Beschreibung von Lernprozessen eingesetzt werden sollen.
196 Vgl. z. B. Detel 2015, 192–216.
197 Die These, dass auch nicht-sprachliche mentale Zustände wie zum Beispiel Wahrnehmungen Repräsentationen sind und einen semantischen Gehalt aufweisen, war in der modernen Philosophie des Geistes lange umstritten. Vgl. jedoch Chalmers, 2004, Peacocke 1989 und Peacocke 1983.

Emotionale Reaktionen können darüber hinaus durchaus eine Art von Universalität involvieren, insbesondere wenn es sich um Basis-Emotionen handelt. Das heißt, wenn bestimmte Dinge oder Ereignisse wahrgenommen werden, zeigen alle normalsinnigen Menschen transkulturell dieselbe emotionale Reaktion. Die objektive Subjektivität dieser Emotionen ist universell. Aber es gibt auch Emotionen und emotionale Reaktionen, die individuell oder zumindest kulturell relativ sind. Was uns schmeckt oder worauf wir stolz sind, kann individuell oder zumindest kulturell sehr unterschiedlich sein. In diesem Fall ist die objektive Subjektivität speziell.

Subjektive Zeit als innere Uhr[198]

Auf der Grundlage der allgemeinen Überlegungen zum Verhältnis von Subjektivität und Objektivität müssen wir uns noch einmal dem Phänomen der subjektiven Zeit zuwenden. Ein möglicher Ausgangspunkt sind innere und somit „subjektive" Uhren von Tieren und Menschen, die seit langem diskutiert werden, allerdings oft primär in Begriffen von Biorhythmen, vor allem des Biorhythmus, der den Tagesablauf und den Wechsel von Tag und Nacht regelt und bereits bei Einzellern nachweisbar ist. Der äußere Taktgeber ist das Sonnenlicht. Die Indizien für die innere Uhr sind vielfältig. Bei Menschen und anderen Säugern steigt und sinkt zum Beispiel die Körpertemperatur. Das Hormonspiel im Blut verändert sich, und tagsüber werden Schmerzen stärker empfunden als nachts. Neuere Bunkerexperimente mit Menschen zeigen, dass sich dieser innere Grundrhythmus kaum verstellen lässt und sogar unter Ausschluss fast aller äußeren Reize einschließlich des Sonnenlichts aufrechterhalten wird. Das Sonnenlicht stellt innere Uhren oft auch auf jahreszeitliche Rhythmen ein.

Die neuere Forschung (die Chronobiologie) versucht zu ermitteln, wie die Biorhythmen gesteuert werden. So wurde zum Beispiel das Sehpigment Melanopsin entdeckt, das extrem empfindlich auf Veränderungen der Lichtintensität reagiert. Diese Information gelangt über die Sehnerven in den *Nucleus suprachiasmaticus* (SCN), einen entwicklungsgeschichtlich uralten Hirn-Nervenkern, der von vielen Forschern als wichtigste neuronale Grundlage des Biorhythmus angesehen wird.

---

198 Vgl. dazu den Bericht von Marc Wittmann unter https://www.spektrum.de/news/ wie-unser-gefuehl-fuer-die-zeit-entsteht/1309744 (letzter Aufruf: 09.05.2020).

Viele Forscher halten diesen Hirn-Nervenkern für das Kernstück der Körperuhr. Hier wird der 24-Stunden-Rhythmus synchronisiert, die innere Uhr etwas nach vorn oder nach hinten verstellt. Aber auch Zellen in Körperorganen enthalten Uhren-Gene, die vom Gehirn aktiviert werden und ein Eigenleben aufweisen. So entwickelt die Leber rhythmische Aktivitätsschwankungen, wenn Nahrung nur zu bestimmten Zeiten aufgenommen wird.[199]

Der innere Biorhythmus ist offensichtlich subjektiv, insofern er von Wahrnehmungen sowie von physiologischen und neuronalen Aktivitäten einzelner Individuen (von „Subjekten") unterstützt und umgesetzt wird. Doch beispielsweise der grundlegende Tag- und Nacht-Rhythmus ist zugleich universell, weil er bei sehr vielen unterschiedlichen Tieren weitgehend identisch ist. Vor allem aber repräsentiert er offenbar einen tatsächlichen astronomischen Rhythmus, nämlich den periodischen Umlauf der Erde um die Sonne und die Eigendrehung der Erde, mit den entsprechenden Konsequenzen für das Auftreten oder Ausbleiben des Sonnenlichts. Der Tag- und Nachtrhythmus ist daher weitgehend eine korrekte Repräsentation externer physikalischer Vorgänge, die im Kontext der Evolution des Lebens auf der Erde extrem adaptiv ist. Dass diese Repräsentation auch fehlgehen kann, wenn ein Kontext hergestellt wird, der stark von den Bedingungen abweicht, unter denen der Tag-und-Nacht-Rhythmus evolutionär selektiert wurde, zeigen die Bunkerexperimente. Die grundlegende biorhythmische innere Uhr weist somit objektive Subjektivität im oben erläuterten Sinn auf.

Wir scheinen jedoch auch innere Uhren zu haben, die eine Dauer von Prozessen im Sekunden- und Minutenbereich einzuschätzen vermögen. Die neueste Forschung konzentriert sich auf eine Beschreibung und Erklärung dieser Arten von inneren Uhren.[200] Dabei stellt sich heraus, dass zwischen Urteilen über den zeitlichen Verlauf vergangener und gegenwärtiger Prozesse unterschieden werden muss. Wenn wir an vergangene Erlebnisse denken, so scheint die Menge der erinnerten Erlebnisse die innere Uhr zu beeinflussen. Je mehr Erlebnisse wir erinnern können, desto länger scheint uns der entsprechende Zeitraum gewesen zu sein. In einem einschlägigen Experiment wurde den Probanden ein Ton von festgelegter Dauer vorgespielt. Es zeigte sich, dass während die Probanden diesen Ton hörten, die neuronale Aktivität in der hinteren Inselrinde ihres Gehirns kontinuierlich zunahm. Diese Hirnregion ist dafür bekannt, dass sie fortlaufend körperliche Zustände registriert, zum Beispiel Temperatur, Gewebeschäden, oder

---

199 Die drei US-Wissenschaftler Jeffrey C. Hall, Michael Rosbash und Michael W. Young wurden im Jahre 2017 für ihre Forschung zum inneren Tag- und Nacht-Rhythmus von Lebewesen mit dem Nobelpreis für Medizin ausgezeichnet.
200 Vgl. z. B. Allman et al. 2014.

Nahrungsmangel, wodurch Körpergefühle wie Hitzewallungen, Schmerz oder Hunger entstehen. Die nahezu lineare Aktivitätszunahme der Inselrinde könnte daher als Zeitmesser für die innere Uhr dienen, wenn es sich um vergangene Prozesse handelt.[201]

Die Zeitwahrnehmung von momentanen, präsenten Prozessen gibt dagegen bisher noch Rätsel auf. Vor allem von Kognitionswissenschaftlern sind dazu theoretische Modelle entwickelt worden, denen zufolge ein Zeitgeber (*pacemaker*) Impulse aussendet, die von einem Akkumulator (*accumulator*) aufgefangen und gesammelt werden. Je mehr Impulse registriert werden, als desto länger wird die Dauer des Prozesses empfunden. Die Anzahl der Impulse ist dabei psychologisch stark vom Aufmerksamkeitsgrad (also vom Bewusstsein) abhängig. Sind wir abgelenkt und unaufmerksam, so registriert der Akkumulator weniger Impulse, und die Zeitdauer wird als kürzer empfunden. Fokussieren wir dagegen unsere Aufmerksamkeit auf das Geschehen (zum Beispiel beim Warten), so empfängt der Akkumulator mehr Impulse, und der Zeitverlauf erscheint uns als gedehnt. Ähnliches gilt für den psychologischen Erregungsgrad. Je erregter wir sind, desto höher ist die Frequenz der Impulse, was ebenfalls die subjektive Zeit dehnt.

Die Frage ist jedoch, ob sich dieses theoretische Modell empirisch verifizieren lässt – ob ein konkreter Mechanismus gefunden werden kann, der derartige theoretische Modelle realisiert. Neueste Untersuchungen legen nahe, dass dabei unser Körpergefühl und insbesondere auch die Kinästhesie eine bedeutende Rolle spielen könnte, die ihrerseits innere physiologische Taktungen als *pacemaker* repräsentieren. In Experimenten mit Floating-Tanks, in denen Probanden schwimmen, werden keinerlei Signale von außen empfangen. Die Probanden spüren allenfalls ihren eigenen Körper und Prozesse, die in ihrem eigenen Körper ablaufen – Atem, Muskelkontraktionen, Bewegungen eigener Gliedmaßen im Wasser. Zugleich berichten die Probanden aber auch davon, dass sie Sekunde für Sekunde einen Zeitverlauf wahrnehmen. Wegen des Reizentzuges können die Zeitgeber für diese Zeit-Wahrnehmung nur mit den Impulsen körpereigener Prozesse zusammenhängen.

Daher lässt sich der Reizentzug im Floating-Tank auch für Untersuchungen der Zeitwahrnehmung ausnutzen. Es scheinen Körperwahrnehmungen und Körpergefühle zu sein, die dem Zeitbewusstsein in Gestalt innerer Uhren zu Grunde liegen. Körperwahrnehmungen und Körpergefühle lassen sich nicht ausschalten.

Neurowissenschaftliche Studien liefern einen Beitrag zur Erklärung dieser Phänomene. Denn die Inselrinde ist auch beim Wahrnehmen von Zeitdauern im Sekundenbereich aktiv. Wenn Probanden mehrere Sekunden lange Töne hören

---

201 Vgl. Wittmann 2013.

und danach deren Dauer durch Tastendruck möglichst genau reproduzieren sollen, dann feuert nur die Inselrinde sowohl beim Hören als auch beim Reproduzieren der Töne. In beiden Fällen nimmt die neuronale Aktivität bis zum Ende des zeitlichen Intervalls der Töne Intervalls zu, um am Ende stark abzufallen. Eine längere Zeitdauer war mit erhöhter neuronaler Aktivität korreliert. Die neuronale Aktivität der Hirnrinde scheint also mit einem bestimmte Zeitintervall korreliert zu sein.

Das Spüren des eigenen Körpers und seiner Bewegungen beruht demnach auf der Verarbeitung von Signal-Impulsen aus dem eigenen Körper, und dabei entsteht auch ein Gefühl für den Zeitverlauf (genauer, wie oben des Öfteren bemerkt für Bewegungen in der Zeit). Subjektive Zeit beruht aus dieser Sicht nicht auf Erfahrungen von Prozessen der externen Welt, sondern des eigenen Körpers. Die Eigenkörpergefühle und ihre Taktung stellen die jeweils eigene innere Uhr eines individuellen Menschen dar.

Zuweilen scheint in Untersuchungen zu inneren Uhren von subjektiver Zeit die Rede zu sein, weil es sich bei inneren Uhren um Mechanismen handelt, die im „Inneren" eines individuellen Körpers operieren. Doch das wäre eine zu einfache Sichtweise, weil viele dieser Mechanismen, unter ihnen neuronale Aktivitäten, im traditionellen Sinn metaphysisch und epistemologisch ebenso objektiv sind wie externe Vorgänge, die von der Physik untersucht werden. Meist wird denn auch unterstellt, dass innere Uhren vor allem deshalb die subjektive Zeit abzubilden scheinen, weil sie extrem individuell zu „ticken" scheinen – und individuell heißt hier, dass innere Uhren weitgehend von spezifischen individuellen Umständen abhängen, die zugleich mentaler Art sind, wie etwa Erregungsgrad oder Aufmerksamkeit.

Doch ähnlich wie im Falle individueller emotionaler Evaluationen („dieser Bär ist gefährlich für mich") scheinen auch innere Uhren, sofern sie psychologisch beschrieben werden, also als Köperwahrnehmungen und Körpergefühle, entsprechende physiologische Taktungen zu repräsentieren, beispielsweise periodische Herzschläge oder eine schmerzhaft pulsierende Wunde oder periodische Wechsel von Tag und Nacht. Und wenn spezifische Umstände wie beispielsweise ein Erregungszustand die wahrgenommene Zeit, also die in der Zeit verlaufenden Prozesse verlangsamen, dann offenbar, weil diese Prozesse in der jeweiligen Präsenz vom urteilenden Individuum als höchst relevant und brisant evaluiert werden. Diese Evaluation mag in höchstem Maße kontextuell sein, weil der Kontext die Sichtweise eines einzelnen Individuums darstellt und die Zeitdauer abweichend von der Zeitdauer unter „normalen" Bedingungen beurteilt wird, aber deshalb ist sie noch nicht rein subjektiv. Denn diese Evaluation repräsentiert einen für das Individuum höchst relevanten und brisanten Zustand entweder des Eigenkörpers (etwa Herzrasen, das Panik verursacht) oder externer Ereignisse (der gefährliche Bär), und diese Repräsentation kann korrekt oder inkorrekt sein. Wenn ein einzelner Mensch mit guten Gründen über ein Ereignis erregt ist und daher die Dauer dieses Ereignisses übermäßig lang einschätzt, dann repräsentiert diese übermäßige Einschätzung die Gefahr, die von dem Ereignis ausgeht. Die Verlangsamung der Zeit ist ein Indiz für Gefahr oder vielleicht auch für großen Vorteil. Insofern ist selbst im extremen Fall von inneren Uhren die subjektive Zeit auch objektiv, indem sie etwas anderes im oder außerhalb des eigenen Körpers repräsentiert – freilich auf extrem kontextuelle Weise, die aber, wie wir wissen, die Repräsentationalität prinzipiell nicht zerstört. Innere Uhren, und somit subjektive Zeit im Sinne von inneren Uhren, weisen ebenfalls objektive Subjektivität auf.

Diese Diagnose wird dadurch untermauert, dass die Aussagen der modernen Psychologie der Zeit zwar subjektive Erfahrungen beschreiben, aber zugleich durchaus generischer Art sind, das heißt nicht nur für einzelne Individuen gelten, sondern für alle Probanden unter bestimmten kontrollierten Bedingungen.[202] In einer neueren Studie wurde zum Beispiel nachgewiesen, dass Impulsivität und Anspannung sowie eine auf die Gegenwart bezogene hedonistische oder fatalistische Einstellung mit einer Überbewertung der Zeitdauer und der Wahrnehmung eines langsameren Zeitflusses korreliert ist, während eine zukunftsorientierte Einstellung im Gegenteil mit einer Unterbewertung der Zeitdauer und der Wahrnehmung eines schnelleren Zeitflusses korreliert ist.[203]

Doch selbst wenn man geltend machen kann, dass die Subjektivität der Zeit im psychologischen Sinne auch Objektivität involviert, darf nicht übersehen werden, dass die moderne Psychologie empirisch nachgewiesen hat, dass es ein subjektives Zeitempfinden gibt, das nicht in Begriffen einer lagezeitlichen Ordnung beschrieben werden und demnach nicht auf die Physik der Zeit reduziert werden kann. Mehr noch, wenn es richtig ist, dass die Subjektivität der Zeit im psychologischen Sinne auch Objektivität involviert, dann liegt es nahe anzunehmen, dass es diese Art der subjektiven Zeit auch gibt. Schließlich kommt auch die Physik über generische Aussagen im Rahmen spezifischer Theorien, und damit über spezifische theoretische Perspektiven, nicht hinaus. Dabei spielt es letztlich nur eine untergeordnete Rolle, ob man die verbreitete Rede vom Zeitfluss unkommentiert übernimmt oder sie durch Aussagen über die Geschwindigkeit eigener Bewegungen auf einer Weltlinie durch die relativistische Raumzeit ersetzen möchte.

---

[202] Die folgenden Bemerkungen gehen auf Hinweise von Marc Wittmann im Rahmen einer persönlichen Korrespondenz zurück.
[203] Vgl. Jokic, Zakay, Wittmann 2018. Der Titel dieser Studie spielt zwar auf „individual differences" an, präsentiert jedoch generische Befunde.

Es gibt Indizien dafür, dass dieser Substitutionsvorschlag nicht mit allen bekannten Daten vereinbar ist. Probanden berichten auch von einem Vergehen der Zeit, wenn sie sich nicht bewegen, zum Beispiel in einem ärztlichen Wartezimmer. Im Floating Tank nehmen die Probanden zwar zu Beginn ihre Körperrhythmen von Herz und Atmung noch intensiv wahr. Später verlieren sie aber ihren Körper- und Zeitsinn. Stattdessen treten innere Bilder, über Vergangenheit und Zukunft auf. Nach 45 „objektiven" Minuten wird das Experiment beendet, und die Probanden sagen, ihnen sei die Zeit schneller vergangen, als es den 45 „objektiven" Minuten entspricht. In solchen Fällen scheint eher die Persistenz bewertet zu werden. Wir können sogar den Eindruck haben, dass die Zeit zum Beispiel schnell vergangen ist, ohne dass Wahrnehmungsprozesse im Spiel sind, etwa wenn wir uns an vergangene Ereignisse erinnern. Informationen aus unserem Kurzzeit- oder Langzeitgedächtnis, aber auch Antizipationen der Zukunft beeinflussen die Urteile über das Vergehen der Zeit ganz ohne sensorische Wahrnehmung.

Offensichtlich spielt die modalzeitliche Ordnung für diese subjektiven Zeitempfindungen eine unentbehrliche Rolle. Ohne einen Bezug auf das wandernde Jetzt und die jeweilige Vergangenheit oder Zukunft könnten die Erfahrungen der subjektiven Zeit, die von der Psychologie untersucht werden, nicht beschrieben werden. Doch diese Erfahrungen können der Psychologie der Zeit zufolge nicht auf das Registrieren der modalzeitlichen Ordnung reduziert werden. Die Subjektivität dieser Erfahrungen hat einen reicheren Gehalt. Die Erfahrung der subjektiven Zeit kann von einer Vielzahl weiterer Faktoren abhängen. Es ist diese reichhaltige Subjektivität der Zeit im Verein mit dem Vorschlag einer Mischung von Subjektivität und Objektivität in all unseren Repräsentationen, die für Überlegungen zum notorischen und rätselhaften Verhältnis von subjektiver und objektiver Zeit hilfreich sein könnte. Gehören diese beiden Arten von Zeiten verschiedenen Welten an? Möglicherweise nicht.

Vergleiche folgenden Typs bieten sich an. Wir fahren auf unserem Rad in einem Wald eine kleine gerade Straße entlang, deren Straßenränder gegenüber dem Wald visuell deutlich hervortreten. Wir schauen auf die Straße vor uns und sehen, wie die Straße immer schmaler wird. Ganz weit hinten gehen die Straßenränder ineinander über. Wenn wir jedoch von unserem Fahrrad absteigen, unseren Zollstock hervorholen, die Straße entlang gehen und in regelmäßigem Abstand die Straßenbreite messen, stellen wir fest, dass die Breite der Straße sich „in Wirklichkeit" nicht ändert. Sehen wir in diesen beiden Szenarios verschiedene Straßen? Gewiss nicht. Wir sehen dieselbe Straße, aber unter unterschiedlichen Bedingungen. Die Messungen der Straßenbreite beruhen auf einem geeichten Längenmaß. Wenn wir jedoch einfach auf die Straße vor uns schauen und sehen, wie sie immer schmaler wird, dann sehen wir dieselbe Straße, die wir gemessen haben, aber unter dem zusätzlichen Parameter der Entfernung der Straßenabschnitte von unserer jeweiligen räumlichen Position, die sich freilich ständig ändert, solange wir weiter kräftig in die Pedale treten. Die wahrgenommene Breite eines Straßenabschnitts vor uns ist eine Funktion, ja sogar ein kausaler Effekt seiner Entfernung von unserer Position, und daher ist umgekehrt die wahrgenommene Breite des Straßenabschnitts ein Indiz, also ein natürliches Zeichen für unsere Entfernung von dem Straßenabschnitt. Diese Relation zwischen wahrgenommener Breite und Entfernung eines Straßenabschnitts ist ihrerseits so objektiv, wie ein Faktum nur objektiv sein kann. Darum ist die Wahrnehmung der immer schmaler werdenden Straße ebenfalls objektiv – sie besagt, dass die vor uns liegende Straße zwar immer dieselbe Breite hat, ihre Teile vor uns jedoch zunehmend weiter von uns entfernt sind. Wir verwenden hier die komplexe allgemeine Eigenschaft, eine messbare Breite plus eine (ebenfalls messbare) Entfernung von uns aufzuweisen.

Der Vorschlag ist, dass subjektive Zeitwahrnehmung und objektiv Zeitmessung in ähnlicher Weise aufeinander bezogen sind. Ein Patient sitzt im Wartezimmer, er ist ängstlich und angespannt wegen der ärztlichen Untersuchung, die vor ihm liegt. Leider muss er lange warten. Endlich schaut er auf die Wanduhr des Wartezimmers und stellt fest, dass er erst eine halbe Stunde wartet. Später erzählt er seinem Freund Marc, dass ihm die Wartezeit wie ein volle Stunde vorgekommen ist. Beschreibt er eine andere Zeit als die Zeit, die von der Wanduhr gemessen wird? Vermutlich nicht. Er beschreibt eher dieselbe Zeit, nur unter dem zusätzlichen Parameter der Angst und Anspannung. Er beschreibt die gemessene, unter Anspannung und Angst verlaufende Zeit. Sein Freund Marc erläutert ihm, dass es nicht nur ihm, sondern auch allen anderen Menschen in der gleichen Situation so ergeht, und dass man die Länge der subjektiv erlebten Zeit sogar mit einer Skala psychometrisch messen kann. Die wahrgenommene subjektive Zeit ist eine Funktion, ja sogar ein kausaler Effekt beispielsweise unserer Anspannung, und daher ist die wahrgenommene subjektive Zeit in diesem Fall ein Indiz, also ein natürliches Zeichen für unsere Anspannung. Diese Relation zwischen wahrgenommener subjektiver Zeit und unserer Anspannung ist ihrerseits so objektiv, wie ein Faktum nur objektiv sein kann. Es handelt sich um ein objektives Faktum, obgleich es von subjektiven Faktoren abhängig ist. Zu diesen subjektiven Faktoren gehört unter anderem auch die Präsenz der betrachteten Personen und die Relation der jeweiligen Präsenz zur Vergangenheit und Zukunft.[204]

---

[204] Ähnliches ließe sich auch über einen sehr viel einfacheren Fall sagen. Es mag ein subjektives Faktum sein, dass dieser Bär, den ich vor mir sehe, für mich gefährlich ist (subjektiv in dem Sinne, dass die Bewertung des Bären, etwa in Gestalt meiner Angst, allein von mir ausgeht). Zugleich

Aus dieser Perspektive beschreiben physikalische und psychologische Theorien der Zeit nicht gänzlich verschiedene Zeitphänomene und sind erst recht nicht unvereinbar miteinander. Psychologische Theorien der Zeit beschreiben die von der Physik anvisierte Zeit, allerdings unter zusätzlichen Parametern, also, logisch formuliert, unter komplexen Prädikatoren, deren eine, aber nicht einzige, Komponente die Kennzeichnung physikalischer Eigenschaften der Zeit sind. Vielleicht liegt es nahe einzuwenden, dass die physikalische Zeit nun einmal zum Beispiel nicht mit allgemeiner Gleichzeitigkeit rechnet, während die psychologische Zeit von einer jeweiligen Präsenz ausgeht. Dazu wäre zu sagen, dass im Rahmen des Bezugssystems Erde die Unterschiede zwischen beiden Perspektiven so gering sind, dass sie weder pragmatisch noch epistemologisch relevant sind. In diesem begrenzten Rahmen gibt es daher auch eine Zeit, die aus Zeitmodi besteht und empirisch messbare Präsenzen involviert. Diese „subjektive" Zeit ist eine speziell „objektiv" qualifizierte Variante der physikalischen Zeit. Die quantenmechanischen Gleichungen enthalten keinen Zeitpfeil, wohl aber thermodynamische Theorien, die unter anderem Lebensprozesse beschreiben, denen sie aufgrund empirischer Belege einen Zeitpfeil zusprechen. Niemand würde auf die Idee kommen, dass beide Theorien ganz verschiedene Lebensprozesse beschreiben. Vielmehr beschreiben sie dieselben Lebensprozesse, nur fügen thermodynamische Theorien aufgrund der besonderen Konstitution von Lebensprozessen im Vergleich mit anorganischen Prozessen unter anderem einen Zeitpfeil hinzu. Und das bedeutet, dass, obwohl auch Lebensprozesse auf elementarster Ebene den quantenmechanischen Gleichungen genügen, dies nicht für die quantenmechanische Aussage gilt, dass kein Prozess im Universum einen Zeitpfeil enthält. Diese Aussage ist vielmehr für thermodynamische Prozesse falsch. Ähnliches scheint auch für die These zu gelten, dass „in Wirklichkeit" keine Art von Zeit eine allgemeine Gleichzeitigkeit oder Präsenz enthält. Für die von Menschen subjektiv erlebte Zeit ist diese Aussage vielmehr falsch, obgleich auch das Verhalten von Menschen den physikalisch festgestellten Naturgesetzen genügen muss.

Im folgenden Abschnitt soll dieses „realistische" Bild der subjektiven Zeit im Blick auf ein Phänomen untermauert werden, dass seit Aristoteles als eine grundlegende Komponente der subjektiven Zeit gilt – das „Jetzt" oder, modern formuliert, die Präsenz, die – wie bereits bemerkt – im Kern der modalzeitlichen Ordnung lokalisiert ist.

---

kann der Bär aber ohne Widerspruch tatsächlich („objektiv") für mich gefährlich sein oder für andere Menschen nicht gefährlich sein. In diesen verschiedenen Fällen reden wir nicht über verschiedene Bären.

Erfahrung der Präsenz und neue Begriffe von subjektiver und objektiver Zeit

Die moderne Psychologie hat, wie wir gesehen haben, die Erfahrung der Präsenz im Kontext einer Untersuchung subjektiver Zeit-Erfahrung umfassend erforscht. Im Folgenden gehen wir der Einfachheit halber von der Präsenz im ersten Sinne aus, die maximal 40ms dauert. Unter einer Erfahrung der Präsenz verstehen wir die Erfahrung einer Person, dass ein externes objektives Ding oder Geschehen für diese Person präsent ist. Die Erfahrung der Präsenz ist an Wahrnehmungen gebunden, denn

> „To perceive something as present is simply to perceive it: we do not need to postulate some extra item in our experience that is 'the experience of presentness.' It follows that there can be no 'perception of pastness'"[205] ... „Perceived objects and their properties are actually (i. e. „now") given to the perceiver when being perceived, and determine the nature of the character of the experience. It is because of this that perception is sometimes said to have an immediacy or vividness which thought lacks".[206]

Die Erfahrung der Präsenz von X scheint jedoch auch die Erfahrung der Präsenz der Erfahrung von X zu implizieren. Dieser Befund ist ein Spezialfall des Vererbungsprinzips (*inheritance principle*) der Zeiterfahrung, das in der neueren Psychologie der Zeit breite Anerkennung gefunden hat. Dieses Prinzip besagt, dass die Erfahrung der Zeit ihre temporale Struktur von den Gegenständen (besser den semantischen Gehalten) dieser Erfahrung erbt.[207] Für den speziellen Fall der Wahrnehmung von Präsenz bedeutet dies:

> (EP1) Wenn Person P zum Zeitpunkt t wahrnimmt, dass X der Fall ist, und demnach X zur ihrer Präsenz zu t gehört, dann gehört ihre Wahrnehmung, dass X der Fall ist, ebenfalls zu ihrer Präsenz zu t.

Wir können uns die Plausibilität von (EP1) anhand einfacher Beispiele klarmachen. Angenommen etwa wir nehmen einen Bären wahr und halten ihn für präsent, aber unsere Wahrnehmung des Bären trete regelmäßig früher oder später

---

[205] Le Poidevin 2019, Abschnitt 5.
[206] Crane, French 2019.
[207] Eine überzeugende Verteidigung des Vererbungsprinzips findet sich bei Phillips 2014: „When all goes well, your stream of consciousness simply inherits the temporal structure of the events which are its contents. You 'take in' the temporal structure of the events you witness in witnessing them. As a result the temporal structure of experience matches the temporal structure of its objects." (Phillips 2014, 139).

auf als der Bär selbst, dann könnten wir in sehr prekäre Situationen geraten. (EP1) setzt offenbar voraus, dass die Präsenzen und ihre Wahrnehmungen auf einer Zeitskala angeordnet sind. Somit greift (EP1) auf einen metrischen Zeitbegriff zurück. Aber im semantischen Gehalt der Wahrnehmungen von Präsenz taucht der metrische Zeitbegriff nicht auf.

Wie bereits erwähnt, gilt die Autorität der ersten Person in der Philosophie des Geistes als Kern der Subjektivität. Diese Autorität läuft darauf hinaus, dass wir sicher wissen können, welche Gedanken wir haben. Daher können wir auch sicher wissen, welche Gedanken gerade in uns präsent sind. Diese These ist als grundlegendes Prinzip der Erfahrung betrachtet worden:

(EP2) Für jede Erfahrung E zur Zeit t gilt notwendigerweise, dass wenn E zu t auftritt, es eine Person P gibt, die zu t weiß, dass E präsent ist, wenn P zu t bedenkt, dass E auftritt.[208]

Wir können in (EP1) speziell X = Bewegung des eigenen Körpers setzen. Die Wahrnehmung der Bewegung des eigenen Körpers heißt auch Kinästhesie. Es scheint klar zu sein, dass die Kinästhesie die Bewegung des eigenen Körpers als präsent erlebt:

(EP3) Wenn Person P zum Zeitpunkt t kinästhetisch wahrnimmt, dass sich ihr eigener Körper bewegt und demnach diese Eigenkörperbewegung zur ihrer Präsenz zu t gehört, dann gehört diese Kinästhesie ebenfalls zu ihrer Präsenz, zu t.

Mit (EP3) wird die Floating-Tank-Erfahrung beschrieben, die auch den Kern der inneren Uhren im psychologischen Sinn ausmacht.[209] Die körpereigene Präsenz ist die Präsenz, die wir selbst aufweisen, und deren Wahrnehmung gewöhnlich mit einem latenten existenziellen Gefühl einhergeht, das heißt mit dem latenten Gefühl, realer Bestandteil der objektiven Welt zu sein.

---

[208] „For any experience E at a time t, E is necessarily such that if E occurs at t, then there exists someone P who knows at t that E is presently occurring if P considers at t that E is occurring" (Hestevold 1990, 543). (EP2) enthält eine Unterscheidung zwischen dem Bedenken (*consideration*) und dem Wissen der Präsenz einer Erfahrung der Präsenz in uns. Das Bedenken läuft auf die Aktivierung unseres Monitor-Bewusstseins hinaus. Sobald wir dieses Bewusstsein aktiviert haben, können wir auch wissen, welche mentalen Zustände jetzt in uns vorkommen, und dies gilt insbesondere auch von einer Erfahrung der Präsenz.
[209] Vgl. dazu genauer oben den Abschnitt über *subjektive Zeit als innere Uhr*.

Wir haben nunmehr drei Arten der Wahrnehmung von Präsenz unterschieden:
(a) die Wahrnehmung der Präsenz wahrgenommener Objekte,
(b) die Wahrnehmung der Präsenz eigener Wahrnehmungen der Präsenz, und
(c) die Wahrnehmung körpereigener Präsenz.

Dem Vererbungsprinzip der Zeitwahrnehmung zufolge liegt die These nahe

> (EP4) Die drei genannten Präsenzen in (a)–(c) genannten Präsenzen sind zeitlich identisch, das heißt simultan im psychologischen Sinne der Präsenz mit einer Dauer von 40ms. Zeitlich identische Präsenzen können Ko-Präsenzen genannt werden. Die Wahrnehmungen der Ko-Präsenzen (a)–(c) sind in der physikalischen Raum-Zeit lokalisiert.

Ein interessanter Spezialfall von (EP1) ist die Gleichsetzung von X mit einer weiteren Person P*, von der P wahrgenommen wird:

> (EP5) Wenn Person P zum Zeitpunkt t wahrnimmt, dass sie von einer anderen Person P* wahrgenommen wird und demnach der Umstand, dass sie von einer anderen Person P* wahrgenommen wird, zur ihrer Präsenz zu t gehört, dann gehört ihre Wahrnehmung, dass sie von einer anderen Person P* wahrgenommen wird, ebenfalls zu ihrer Präsenz zu t.

Auch (EP5) scheint mehr als plausibel zu sein. Angenommen zum Beispiel, wir nehmen wahr, dass wir von einem Bären wahrgenommen werden, aber unsere Wahrnehmung des Bären tritt regelmäßig früher oder später auf als der Umstand, dass der Bär uns wahrnimmt, so kann das sehr problematisch für uns sein. In (EP5) ist offensichtlich von der speziellen Ko-Präsenz zweier oder auch mehrerer Personen die Rede, die einander wahrnehmen und dabei Präsenz-Erlebnisse haben. Wenn also verschiedene Personen, die in der objektiven Realität existieren, selbst etwas wahrnehmen, daraufhin in bestimmter Weise motorisch handeln und einander dabei beobachten, so gehen sie davon aus, dass all dies in derselben Präsenz geschieht. Offensichtlich stellen diese kognitiven Ko-Präsenzen eine zentrale Bedingung jeder sozialen Kooperation und Koordination dar.

Dies gilt insbesondere auch dann, wenn soziale Konventionen etabliert werden, die zur Einrichtung lokaler Uhren oder eines Kalenders für alle Menschen führen. Wenn sich eine Kommune in der klassischen Antike zum Beispiel auf den Bau von Sanduhren verständigen wollte, die eine faire Zuweisung von Redezeiten in der Volksversammlung ermöglichen sollten, dann mussten viele Personen wahrnehmen, dass die Sanduhr jetzt (in einer Präsenz) zu rinnen beginnt und später jetzt (in einer weiteren Präsenz) aufhört zu rinnen. Aber diese Personen mussten auch annehmen, dass andere Personen dasselbe wahrnehmen. Die Präsenz der rinnenden Sanduhr musste dabei identisch sein mit den Präsenzen aller Wahrnehmungen der rinnenden Sanduhr, und die Präsenzen aller Wahrnehmungen der rinnenden Sanduhr mussten auch untereinander identisch sein. Dasselbe gilt, wenn viele Personen verschiedene periodische Bewegungen in den Blick nehmen und feststellen wollen, dass jede dieser Perioden jetzt beginnt und später jetzt wieder an denselben Punkt zurückkehrt, oder dass zum Beispiel sechs Schwingungen des Pendels A und vier Schwingungen des Pendels B dieselbe große Periode aufweisen – wenn also diese Personen sich auf Befunde einigen sollen, die von einer Art sind, die für die Etablierung eines Kalenders erforderlich sind. Grundlegend oder zumindest hilfreich für letzteres, und damit für die Etablierung eines metrischen Zeitbegriffs auf dem speziellen Bezugssystem der Erde und Entitäten mittlerer Größe ist die

> „Annahme, dass es überhaupt so etwas wie zeitliche Abstände gibt. Damit stellt sich auch die Frage, wie man diese Abstände quantifizieren kann ... Die allgemeinste Voraussetzung ist die Wiederkehr gleichartiger Ereignisse. Man muss physikalische Ereignisse oder Teile von ihnen miteinander identifizieren, um überhaupt eine Grundeinheit für die Zeit zu gewinnen ... Insofern es die Zeitmessung immer mit dem Vergleich von sich wiederholenden Prozessen zu tun hat, basiert sie auf ausgedehnten Intervallen ... Eine solche Verhältnisbestimmung setzt ferner einen Begriff von Gleichzeitigkeit voraus bzw. die Möglichkeit einer gemeinsamen Taktung für Ereignisse an verschiedenen Orten. So muss man ... zum Beispiel ... diese fünf Schwingungen des Pendels hier in Beziehung setzen zu jenen sieben Tropfen, die währenddessen aus dem Wasserhahn dort drüben tropfen. In diesem Beispiel, wie auch allgemein im Alltag, ist eine solche Zuordnung völlig unproblematisch."[210]

Bisher ist in (EP1) – (EP5) die Präsenz, und damit eine zentrale Komponente der modalzeitlichen Ordnung, wie in der Psychologie der subjektiven Zeit nur als Gegenstand von Wahrnehmungen betrachtet worden, genauer als Bestandteil des semantischen Gehalts der Wahrnehmungen. Wenn wir allerdings berücksichtigen, wie in der Psychologie der subjektiven Zeit Präsenz im zweiten und dritten Sinn eingeführt wird, dann wird klar, dass die Präsenz als Gegenstand von Wahrnehmungen eingebettet ist in die Erinnerung gerade vergangener Ereignisse und die Antizipation kurz bevorstehender Ereignisse, die auch bei höheren Tieren vorkommen. Diese psychologische Annahme kann folgendermaßen reformuliert werden: Wir können wahrnehmen, dass X der Fall ist, aber auch erinnern, dass X der Fall war, und antizipieren, dass X der Fall sein wird. In allen drei Fällen liegt derselbe semantische Gehalt vor, aber die mentalen Zustände haben verschiedene

---

[210] Sieroka 2018, 50–53.

Formate oder psychologische Modi. Dass es in unserem mentalen Haushalt diese verschiedenen mentalen Zustände mit demselben semantischen Gehalt gibt, können wir aufgrund der Autorität der ersten Person sicher wissen. Im Rahmen der Psychologie der ersten Person scheint daher die gesamte modalzeitliche Ordnung (der Ausdruck der sogenannten subjektiven Zeit) zunächst einmal als semantischer Gehalt von Wahrnehmungen, Erinnerungen und Antizipationen eingeführt zu werden.

Man kann die These, dass die modalzeitliche Ordnung dadurch sichtbar wird, dass dieselben semantischen Gehalte in verschiedenen Formaten (Erinnerung, Wahrnehmung, Antizipation) auftreten, auch so reformulieren, dass dieselben Inhalte mit verschiedenen temporalen Markern auftreten ($X_{vergangen}$ /$X_{gegenwärtig}$ /$X_{künftig}$):

> "The third explanation for the nature of specious present is consistent with those previously mentioned in that all contents of a specious present are experiential (or as it is sometimes expressed, sensory). Differing from the previous explanations, however, it holds that the contents are presented under different temporal modes. (Dainton calls this modal conception of specious present). In other words, the claim that we experience one content "as present" and another as "just past" should not be understood as having two contents with the same phenomenal presence but accompanied by different, explicit time markers. Instead, the apparent temporal structure of specious presence is brought about by temporal modes; we experience A as preceding B because A is presented as "having occurred already" and "being is presented as" currently occurring."[211]

Doch wenn wir Explikationen wie (EP1) und (EP5) plausibilisieren wollen oder auf der Basis dieser Explikationen Praktiken wie die Etablierung lokaler Uhren oder eines universellen Kalenders erklären wollen, dann müssen zumindest die verschiedenen beteiligten Wahrnehmungen der Präsenz auch wahr sein. Wenn also zum Beispiel nach (EP1) Person P zum Zeitpunkt t wahrnimmt, dass X der Fall ist, dann muss diese Wahrnehmung unter normalen Bedingungen auch wahr sein, das heißt, X muss der Fall sein, also eine Tatsache der realen Welt darstellen. X muss dann genauso wie die Wahrnehmung, dass X der Fall ist, tatsächlich zur Präsenz zum Zeitpunkt gehören, die auf einer etablierten Zeitskala identifiziert werden kann.

Es gibt gute Gründe anzunehmen, dass diese Bedingung weitestgehend erfüllt ist. Die Wahrnehmungen, die an den skizzierten Erfahrungen der Präsenz und Ko-Präsenz beteiligt sind, müssen als Repräsentationen angesehen werden und sind daher aus den oben genannten Gründen überwiegend verlässlich und wahr. Mehr noch, Wahrnehmungen von Präsenz und Ko-Präsenz sind die ele-

---

[211] Arstila 2016, 174.

mentarste Grundlage dafür, mit der objektiven Welt einschließlich anderer Subjekte in Kontakt zu kommen. Wenn derartige Repräsentationen auch nur einmal fehlerhaft sind, kann dies verheerende Folgen nach sich ziehen. Wenn zum Beispiel Maria, wie bereits angedeutet, diesen großen Bären in ihrer Nähe erblickt und beobachtet, dass der Bär sie mustert, und wenn sie fälschlich annehmen würde,
- dass jetzt dort überhaupt kein Bär steht, oder
- dass der Bär zwar jetzt dort steht, aber sie jetzt gerade nicht anschaut, oder
- dass der Bär zwar dort gestanden hat, aber jetzt dort nicht mehr steht, oder
- dass ihre Wahrnehmung des Bären früher in ihr selbst vorkommt als der Bär selbst dort draußen auftaucht,

dann – um nur einige beteiligte Ko-Präsenzen zu nennen – wäre Maria in großer Gefahr. Dasselbe gilt auch, wenn Maria mit anderen Menschen zurechtkommen will. Wenn sie nicht so handeln würde, als wären alle Wahrnehmungen, die an Präsenzen und Ko-Präsenzen beteiligt sind, auch wahr, so würde sie viele ihrer wichtigsten Ziele nicht erreichen und kaum lange überleben können. Daher müssen gerade diese Formen der Wahrnehmung von Präsenz, so subjektiv sie sein mögen, zugleich epistemologisch im höchsten Maße objektiv sein:

> "To be effective agents in the world, we must represent accurately what is currently going on: to be constantly out of date in our beliefs while going about our activities would be to face pretty immediate extinction. Now we are fortunate in that, although we only perceive the past it is, in most cases, the very recent past, since the transmission of light and sound, though finite, is extremely rapid. Moreover, although things change, they do so, again in most cases, at a rate that is vastly slower than the rate at which information from external objects travels to us. So when we form beliefs about what is going on in the world, they are largely accurate ones." [212]

Dasselbe muss jedoch auch für den größten Teil unserer kurzfristigen Erinnerungen und Antizipationen gelten. Wir müssen uns zum Beispiel, wenn wir die rinnende Sanduhr wahrnehmen, daran erinnern, dass sie vor kurzem zu rinnen begonnen hat, und wir können antizipieren, dass sie sehr bald aufhört zu rinnen. Wenn wir uns jedoch auf eine bestimmte Sanduhr einigen wollen, dann müssen diese Erinnerung und Antizipation unter normalen Umständen auch wahr sein. Wir müssen davon ausgehen können, dass die Sanduhr tatsächlich vor kurzem zu rinnen begonnen hat und sehr bald zu rinnen aufhören wird. Wir können demnach festhalten:

---

[212] Le Poidevin 2019, Abschnitt 5. Denselben Punkt macht zum Beispiel auch Butterfield 1984.

(EP6) Wahrnehmungen der Präsenz sowie kurzfristige Erinnerungen und Antizipationen
(1) weisen als Repräsentationen objektive Subjektivität auf,
(2) sind epistemologisch verlässlich,
(3) repräsentieren zusammengenommen die modalzeitliche Ordnung, und
(4) sind erforderlich oder zumindest hilfreich für die Etablierung von lokalen Uhren und universellen Kalendern.[213]

Damit zeichnet sich ein allgemeines Bild ab:

(EP7) Subjektive und objektive Zeit, neu gefasst:
(1) Einige unserer korrekten Repräsentationen – vor allem Wahrnehmungen der Präsenz und kurzfristige Erinnerungen und Antizipationen – weisen darauf hin, dass die Annahme einer modalzeitlichen Ordnung auf der Erde vieles für sich hat und sich in bestimmten Praktiken bestens bewährt. Der Gegenstand dieser Repräsentationen kann subjektive Zeit genannt werden.
(2) Andere unserer Repräsentationen – bewährte physikalische Theorien – weisen darauf hin, dass die Annahme einer universellen Raumzeit im Universum sehr vieles für sich hat. Der Gegenstand dieser Repräsentationen kann objektive Zeit genannt werden.

In dieser neuen Fassung bilden subjektive und objektive Zeit keinen radikalen Dualismus mehr. Insbesondere kann nicht mehr gesagt werden, dass die objektive Zeit zur Realität gehört, während die subjektive Zeit etwas rein Mentales ist. Vielmehr sind beide Zeit-Formen Gegenstände bewährter mentaler oder sprachlicher oder schriftlicher Repräsentationen. Der Unterschied liegt eher in der Art und Reichweite der Repräsentationen. Repräsentationen der subjektiven Zeit

---

213 Vgl. oben S. 45 (Kennzeichen der objektiven Zeit), und z.B. Sieroka 2018, 50–53, ausführlicher Lohmar 2010. Immanuel Kant hat bekanntlich die Zeit als inneren Sinn bezeichnet. Auf den ersten Blick könnte man tatsächlich den Eindruck haben, dass Serien von mentalen Zuständen in unserem Geist eine Bewegung durch die Zeit hindurch, aber nicht durch den Raum involvieren, und dass daher die Zeit grundsätzlich subjektiv ist, insofern sie nicht an den Raum gebunden ist und auf inneren subjektiven Phänomenen beruht. An diesem Punkt muss jedoch auf die Metaphysik zurückgegriffen werden. Akzeptiert man zum Beispiel den Eigenschaftsdualismus in Bezug auf mentale Phänomene, so müssen diese Phänomene als aktive Gehirnzustände mit mentalen Eigenschaften wie Repräsentationalität und Bewusstsein aufgefasst werden. Daraus folgt, dass es unproblematisch ist anzunehmen, dass sich mentale Phänomene in derselben Raum-Zeit bewegen wie physische Phänomene in der externen Welt. Und es ließe sich hinzufügen, dass die jeweilige Präsenz eines mentalen Zustandes und die Präsenz des Ereignisses, den dieser Zustand unter normalen Bedingungen repräsentiert oder bewertet, identisch sein müssen.

sind Wahrnehmungen, Erinnerungen und Antizipationen und gelten nur für das Bezugssystem Erde, während Repräsentationen der objektiven Zeit ausgearbeitete physikalische Theorien sind, die für das gesamte Universum gelten. Im Rahmen ihrer jeweiligen Geltungsbereiche scheinen beide Arten von Repräsentationen verlässlich und daher wahr (unter dem Vorbehalt der Fallibilität) zu sein. Damit ist allerdings noch nicht entschieden oder auch nur diskutiert, wie sich die Ansätze (EP7) (1) und (2) zueinander verhalten. Aber zumindest ist, anders als unter Voraussetzung des traditionellen Dualismus von subjektiver und objektiver Zeit, mit (EP7) eine Basis geschaffen, um die Beziehungen zwischen Theorien modalzeitlicher und lagezeitlicher Ordnung nüchtern und unbelastet zu prüfen.

Im Rahmen eines neuen Forschungsgebiets, der Neurophänomenologie der Zeit, ist tatsächlich bereits ein Versuch unternommen worden, die beiden Beschreibungen von subjektiver und objektiver Zeit, wie sie in (EP7) reformuliert worden sind, aufeinander zu beziehen. Dieser Versuch soll abschließend kurz skizziert werden.

Neurophänomenologie der Zeit

Neuerdings werden psychologische und phänomenologische Forschungen zu Wahrnehmungen mit Befunden zur korrelierten neuronalen Aktivität verglichen. Dies gilt insbesondere auch für die Zeitwahrnehmung. Es gibt zum Beispiel, wie oben bereits bemerkt, eine Menge von psychologischen Daten, die nahelegen, dass Zeit-Urteile verzerrt werden können, neu kalibriert werden, umschlagen können oder einen Resolutionsgrad aufweisen, der von den Stimuli und dem Zustand des Beobachters abhängt. Diese Phänomene werden der subjektiven Zeit, also der erfahrenen Zeit zugerechnet. In diesem Kontext wird die mittlerweile übliche Frage gestellt, welche neuronale Basis für diese psychischen Phänomene verantwortlich ist. Bei Affen enkodieren zum Beispiel posterior-parietale Neuronen Signale, die mit der Wahrnehmung von Zeit korreliert sind. Das lateral-intraparietale Areal (LIA) scheint dagegen korreliert zu sein mit dem Zeitfluss (*passage of time*) relativ zu einem erinnerten Standard von zeitlicher Dauer. Derartige neuronale Aktivitäten werden der objektiven Zeit zugerechnet. Allerdings verlaufen diese neuronalen Aktivitäten in sehr unterschiedlichen Geschwindigkeiten, die sich nicht auf die psychischen Phänomene abbilden lassen. Derartige Zuordnungen, wie sie auch in Hinsicht auf fast alle anderen psychischen Phänomene üblich sind, enthalten keinerlei neue Einsichten über die generellen Verbindungen zwischen subjektiver und objektiver Ebene. Denn dass jedes gut beschriebene subjektive (mentale) Phänomen durch bestimmte neuronale Aktivitäten gestützt und sogar kausal generiert wird, wird allgemein anerkannt. Es ist daher wenig aufschlussreich zu untersuchen, inwiefern das Auftreten mentaler Zustände mit dem Feuern von Neuronen in bestimmten Gehirnarealen korreliert ist. Vielmehr sind die Verläufe und Dynamiken auf beiden Ebenen von Interesse. Subjektive Zeitwahrnehmungen, also genauer sukzessive Wahrnehmungen von Bewegungen in der Zeit, verlaufen auf dynamische Weise in der Zeit. Die mit diesen Zeitwahrnehmungen verbundenen objektiven aktiven neuronalen Zustände bilden dann ebenfalls eine zeitlich geordnete Reihe und damit einen dynamischen Verlauf.

In diesem Kontext ist es zum Beispiel interessant, dass viele LIA-Neuronen die Rate ihrer Spannungspulse (*spike rate*) als Funktion der vergangenen Zeit regulieren. Dies entspricht auf psychologischer Ebene dem Weberschen Gesetz, dass die Genauigkeit der Zeitwahrnehmung proportional mit der Dauer der wahrzunehmenden Zeit sinkt. Hier gibt es also strukturelle Entsprechungen zwischen subjektiver Zeitwahrnehmung und objektivem neuronalem Zeitverlauf.[214]

Diese Dynamiken werden neuerdings auch in der Neurophänomenologie der Zeit miteinander verglichen. Dabei scheint sich ebenfalls herauszustellen, dass die phänomenologisch festgestellten Strukturen der Zeitwahrnehmung weitgehend isomorph zu Strukturen zeitlicher Integration auf neuronaler Ebene sind:

> "The thesis of temporal isomorphism claims that the contents of our experiences and the neural states that underlie them share the same temporal properties. According to this thesis, the time when something is experienced to occur is isomorphic to the time of the neural processes realizing the experiences. This thesis thus concerns the relationship between the apparent or subjective time of an experience and the objective time when its neural correlates take place."[215]

Was sich hier konstatieren lässt, ist tatsächlich „eine strukturelle Analogie zwischen den Ordnungen der subjektiven und physikalischen Zeit selbst, im Sinne einer (partiellen) Isomorphie zwischen den Relationen einer modalzeitlichen und lagezeitlichen Ordnung als strukturerhaltende (<sc. mathematische>) Abbildung".[216] Es ist die mathematische oder strukturelle Form, die – allgemein gesagt – innerhalb des Phänomens der Zeit den mentalen und physischen Bereich, Geist und Natur, zusammenbringt, ohne beides zu identifizieren. Es liegt nahe, die dynamische Reihe der Zeitwahrnehmungen als Erscheinungsform der subjektiven Zeit zu betrachten und die Reihe der korrelierten aktiven neuronalen

---

214 Vgl. dazu genauer Eagleman et al. 2005.
215 Arstila 2016, 164.
216 Sieroka 2009, 240.

Zustände (ihre „neuronale Taktung") als Erscheinungsform der objektiven Zeit. Aus dieser Sicht wird auch in der neurophänomenologisch inspirierten modernen Zeittheorie eine erste Klammer zwischen subjektiver und objektiver Zeit hergestellt – allerdings eine Klammer rein struktureller Art: Subjektive Zeit und objektive Zeit sind annähernd isomorph zueinander.[217]

Das Problem mit diesem neurophänomenologischen Befund ist, dass er den traditionellen Dualismus zwischen subjektiver Zeit als eine Art von Erfahrung von der Welt und objektiver Zeit als Bestandteil der objektiven Realität voraussetzt und dass bloße Isomorphismen recht schwache Klammern zwischen verschiedenen Gegenstandsbereichen darstellen. In der Tat wird gerade in der Neurophänomenologie offensichtlich der scharfe Dualismus zwischen subjektiver und objektiver Zeit als logisch vereinbar mit einer isomorphen Beziehung zwischen diesen beiden Zeitformen betrachtet. Dieser Dualismus hat sich als unhaltbar herausgestellt, doch die logische Vereinbarkeit eines so radikalen Dualismus mit isomorphen Beziehungen zwischen beiden Zeitformen ist offensichtlich ein deutliches Indiz für die explanatorische Schwäche solcher Beziehungen.

Konklusion

Wir sind von der Diagnose ausgegangen, dass
- die moderne Theorie der Zeit von der Unterscheidung zwischen subjektiver und objektiver Zeit geprägt ist,
- diese Unterscheidung auf einem radikalen Dualismus von Subjektivität und Objektivität beruht, und
- dieser Dualismus Begriffe von absoluter Subjektivität und absoluter Objektivität involviert, die ihrerseits unhaltbar sind.

Wenn man die Differenz zwischen subjektiver Zeit und objektiver Zeit im Lichte dieses Dualismus interpretiert, dann scheint subjektive Zeit etwas Mentales zu sein, das mit der objektiven Realität nichts zu tun hat, und objektive Zeit ein Bestandteil der objektiven Realität, der nichts mit dem Mentalen zu tun hat.

Eine Übersicht über die neue Psychologie der subjektiven Zeit führte zu einem ambivalenten Resultat. Auf der einen Seite bietet dieser Ansatz eine große Zahl von interessanten empirischen Untersuchungen und Ergebnissen, die unser Bild vom Phänomen der subjektiven Zeit, insbesondere vom zeit-theoretisch grundlegenden Konzept der Präsenz, bemerkenswert anreichern. Andererseits verbleibt

---

[217] Vgl. Sieroka 2018, Abschnitt 5c). Siehe ferner Hartung Hrsg. 2015, Petitot et al. eds. 1999.

die Psychologie der Zeit der traditionellen mentalistischen Konzeption der subjektiven Zeit verhaftet, denn sie korreliert die subjektive Zeit mit Erfahrungen und perspektivischen Indizes, weist aber vor allem auch auf zahlreiche individuelle Faktoren hin, die unser Zeitgefühl verändern und verzerren können.

Aus philosophischer Sicht liegt es nahe, dieses traditionelle Bild unter Rückgriff auf die Theoriesprache der modernen Philosophie des Geistes und auf postanalytische Einsichten zur Relativität mentaler und sprachlicher Schemata zu prüfen. Dabei stellt sich heraus, dass die Repräsentationalität eine der grundlegendsten Eigenschaften unseres Geistes und kognitiven Apparates ist. Repräsentationen von Komponenten der externen Welt involvieren Korrektheitsbedingungen, das heißt sind wahr oder falsch, und stellen stets eine bestimmte Perspektive auf die Welt dar. Darin besteht ihre subjektive Seite. Zugleich erweist es sich als unmöglich, dass alle oder auch nur die meisten unserer Repräsentationen (ob in Gestalt von Gedanken, Äußerungen oder Texten) falsch sind. Die allermeisten unserer Repräsentationen bilden die objektive Realität vielmehr korrekt ab, und sie lassen sich dem modernen semantischen Externalismus zufolge auch nicht von der externen Welt trennen. Darin besteht ihre objektive Seite. Wir können diesen Status objektive Subjektivität nennen. Außerdem zeigen starke und einflussreiche Argumente führender post-analytischer Denker, dass wir niemals jenseits jeder Art von Perspektivität operieren können. Wie auch immer wir über die Welt denken, reden, schreiben oder theoretisieren mögen, wir sind dabei stets an irgendeine besondere Form der Wahrnehmung, der Sprache oder des theoretischen Hintergrunds gebunden, die gleichwohl auf die Welt bezogen bleibt und meist die Welt auch korrekt abbildet.

Diese Situation gilt auch, wie sich dann zeigt, für subjektive und objektive Zeit. Wir haben diesen Punkt unter anderem anhand der neuen Forschung zur zeitlichen Präsenz illustriert. Präsenz, und damit eine zentrale Komponente der subjektiven Zeit, involviert zwar einerseits die Wahrnehmung einer individuellen Person mit einer höchst spezifischen Perspektivität auf die objektive Welt, kann und wird aber zugleich in den meisten Fällen auf die Welt referieren und sich somit in verlässlicher Weise auf die objektive Welt richten.

Aus dieser Sicht sind sowohl die subjektive Zeit und ihre modalzeitliche Ordnung als auch die objektive Zeit und ihre lagezeitliche Ordnung Gegenstände objektiv-subjektiver Repräsentationen, haben also beide einerseits mit dem Mentalen und andererseits mit der objektiven Welt zu tun. Diese beiden Repräsentationen von zeitlichen Verhältnissen unterscheiden sich nicht in Hinsicht auf ihre Realität, sondern in Hinsicht auf ihr psychologisches Format und ihre Reichweite. Repräsentationen der subjektiven Zeit und der modalzeitlichen Ordnung haben das psychologische Format verlässlicher Wahrnehmungen, Erinnerungen und Antizipationen. Ihr Geltungsbereich ist auf das Bezugssystem der

Erde und Gegenstände mittlerer Größen beschränkt. Repräsentationen der objektiven Zeit und der lagezeitlichen Ordnung sind bewährte physikalische Theorien, die für das gesamte Universum gelten.

Betrachten wir zum Beispiel die Reihe
- Wahrnehmung der Präsenz von X durch Person P und die Tatsache, dass X für P präsent ist,
- Wahrnehmung, dass Prozess PZ Bewegungs- und Zeitintervalle ZI aufweist, und die Tatsache, dass PZ durch ZI getaktet ist,
- Identifikation periodischer Bewegungen BP mit Hilfe von Jetzt-Zuschreibungen und die Tatsache, dass BP periodisch sind,
- Konstruktion lokaler Uhren wie Sanduhren für Gerichtsreden im Ortsbereich OB und die Tatsache, dass in OB die Zeit mithilfe der lokalen Uhr gemessen wird,
- astronomisch-mathematische Konstruktion einer universellen Zeitordnung anhand einer Superperiode von Bewegungen und die Tatsache, dass sich überall auf der Welt die Zeit mithilfe der universellen Zeitordnung als Kalender messen lässt,

(wobei auf allen genannten Ebenen die entsprechenden Repräsentationen zwar meist wahr, aber prinzipiell fallibel sind),

so scheint klar zu sein, dass wir es einerseits auf jeder dieser Ebenen mit zeitlichen Erfahrungen zu tun haben, die repräsentational und epistemologisch verlässlich sind, und somit auch mit Feststellungen über reale Tatsachen, dass aber diese Reihe mit zunehmend umfangreicheren Geltungsbereichen korreliert ist.[218]

Dieses Bild wird vor allem in der Physik manchmal unter Rückgriff auf den Begriff der Invarianz beschrieben. Blicken wir auf physikalische Theorien, so wird deutlich, dass sich bei bestimmten Transformationen (also bei einem Perspektivenwechsel) einige Größen verändern, andere nicht (bei einer Spiegelung bleiben zum Beispiel Längen und Winkel erhalten, aber nicht die Händigkeit; bei einem Übergang von einem Bezugssystem zu einem anderen in der speziellen Relativitätstheorie bleibt der vierdimensionale Abstand im Sinne der einschlägigen Metrik erhalten, aber nicht Längen von räumlichen und zeitlichen Intervallen für sich). Dabei gelten dann die Invarianten als das Objektive oder Reale, die Größen hingegen, die sich bei der Transformation (dem Perspektivwechsel) ändern, als weniger real und, wie man hinzusetzen könnte, eher subjektiv.

---

218 Auch die besonderen Bedingungen, unter denen innere Uhren oder individuelle Einschätzungen des Zeitverlaufs den Ergebnissen der Psychologie der subjektiven Zeit zufolge verzerrt sind, lassen sich als spezifische Kontexte fassen, die durchaus adaptiv sind und daher in gewisser Weise auch Tatsachen abbilden.

Diese Idee findet sich bereits bei Heinrich Hertz im Kontext einer Diskussion verschiedener Varianten oder Interpretationen der Elektrodynamik, die gegen Ende des 19. Jahrhunderts vorgeschlagen worden waren – nämlich von Maxwell, Helmholtz und Hertz selbst. Hertz konstatiert, dass sich diese drei Varianten zwar terminologisch und in ihrem Verständnis von Nah- und Fernwirkungen unterscheiden, sich aber in ihren Gleichungen nicht unterscheiden. Hertz macht geltend, dass dieser invariante Kern der drei Theorien markiert, was an ihnen objektiv gültig ist, während die Elemente, in denen sie sich unterscheiden, ihre nicht-objektiven Bestandteile darstellen. Die Gleichungen machen also den invarianten Kern der Elektrodynamik aus, der gleichsam aus jeder Perspektive gültig zu sein scheint.[219] Später hat unter anderem auch Max Born in ähnlicher Weise die Idee einer Invarianten-Theorie skizziert, in der die physikalischen Invarianten diejenigen Komponenten physikalischer Systeme sind, die unabhängig von menschlicher Tätigkeit und von bestimmten physikalischen Bezugssystemen sind und daher das Objektiv-Reale und die unerschütterliche Grundlage wissenschaftlicher Naturerkenntnis ausmachen, welche die Objektivität und Gültigkeit wissenschaftlicher Wahrheit garantieren.[220] Für diese Sicht hat sich mittlerweile der Terminus „Strukturrealismus" eingebürgert.[221]

Der Strukturrealismus scheint allerdings wieder in eine problematische Idee von absoluter Objektivität zu münden, die frei von jeglicher Subjektivität ist. Die Problematik dieser Idee im Rahmen des Strukturrealismus lässt sich unter anderem an seinem inhärenten Platonismus erkennen. Bertrand Russel hat den strukturrealistischen Platonismus pointiert formuliert:

> "Whatever we infer from perceptions it is only structure that we can validly infer; and structure is what can be expressed by mathematical logic ... The only legitimate attitude about the physical world seems so be one of complete agnosticism as regards all but its mathematical properties."[222]

Demgegenüber müssen wir darauf bestehen, dass auch physikalische Theorien mit vielen Invarianten Repräsentationen bleiben, die in ganz bestimmte sprachliche Schemata eingebunden sind, also nicht frei von jeder Perspektive sind und

---

[219] Vgl. Hertz 1892. In seinen späteren Überlegungen zu verschiedenen Versionen der Mechanik wiederholt Hertz diesen „Gleichungsrealismus" (vgl. Hertz 1894/1966). Siehe dazu Sieroka 2014, 77–79.
[220] Vgl. https://wwwdid.mathematik.tu-darmstadt.de/mathezirkel/content/download/ Invarianzprinzip.pdf sowie eine Bemerkung von Vollmer (https://link.springer.com/ article/10.1007/s10701-010-9471-x). Ich verdanke diese Hinweise Manfred Stöckler.
[221] Vgl. z. B. Bartels, Stöckler Hrsg. 217–220.
[222] Russell 1927, 254, 270.

sich zugleich nicht auf mathematische Strukturen reduzieren lassen, sondern repräsentational, also objektiv-subjektiv, auf die externe empirische Welt ausgerichtet sind.

Mit diesem Bild ist, wie wir gesehen haben, noch nicht entschieden, wie die beiden repräsentationalen Konzepte von subjektiver und objektiver Zeit zueinanderstehen. Diese schwierige Frage liegt außerhalb des Rahmens dieses Essays. Allerdings haben wir zwei Aspekte dieses Problems zumindest flüchtig berührt. Zum einen scheint im Bereich einer Alltagsphysik, die auf die Erde als Bezugssystem beschränkt bleibt, ein Rückgriff auf die modalzeitliche Ordnung hilfreich und konsistent, wenn nicht sogar erforderlich für die Einführung eines quantitativen Zeitbegriffs als messbarer Größe zu sein. Zumindest auf dieser Ebene zeichnet sich eine konsistente Synthese zwischen modalzeitlichem und legezeitlichem Zeitbegriff ab. Und zum anderen scheinen einige neuere Ergebnisse aus der Neurophänomenologie zu zeigen, dass die modalzeitliche Ordnung und die lagezeitliche Ordnung neuronaler Prozesse isomorphe Strukturen aufweisen. Diese beiden möglichen Verbindungen zwischen den beiden zeitlichen Ordnungen bleiben aber recht schwach und weisen kaum Erklärungskraft auf. Mehr noch, der genannte Isomorphismus erinnert in hohem Maße an den Strukturrealismus. Aus strukturrealistischer Sicht bedeutet die Feststellung isomorpher Relationen zwischen den beiden zeitlichen Ordnungen nicht eine Unterscheidung zwischen zwei realen Bereichen, sondern die Behauptung, dass beide zeitlichen Ordnungen nicht real und nur die Isomorphismen selbst real sind. Damit würde die Irrealität der Zeit behauptet – eine zeit-theoretische Position, die seit der Antike immer einmal wieder behauptet wurde und heute eine Minderheitenposition darstellt.

Offensichtlich ändert sich diese Diagnose, wenn wir über die Raum-Zeit im Sinne der Relativitätstheorie und den Zeitbegriff in der Quantenmechanik reden. Strikt genommen scheinen modalzeitliche Ordnung und die Zeit-Theorie der modernen Physik nicht miteinander vereinbar zu sein. In der modernen Rationalitätstheorie gibt es eine interessante neuere Entwicklung, die an diesem Punkt als eine Art von Paradigma hilfreich sein könnte. Diese Entwicklung hat zu einer Unterscheidung zwischen kontextfreien und kontextuell gebundenen Modellen von Rationalität geführt. Das kontextfreie Modell greift auf formale Logik und moderne Wahrscheinlichkeitstheorie zurück und etabliert universelle Standards für Rationalität. Die kontextuell gebundenen Modelle einer *bounded rationality* sind auf bestimmte Kontexte zugeschnitten und bilden spezifische „Heuristiken", die im Rahmen ihres spezifischen Kontextes wesentlich einfachere Entscheidungen ermöglichen und zum Teil die Bedingungen des kontextfreien Modells verletzen, aber nachweislich zumindest ebenso effizient, zum Teil sogar effizienter operieren als das kontextfreie Modell.[223]

In ähnlicher Weise ließe sich möglicherweise geltend machen, dass das Alltagsmodell der Zeit, das von Aristoteles entwickelt worden ist und bis heute diejenige Konzeption der Zeit prägt, die auf den spezifischen Kontext von Entitäten mittlerer Größe im Bezugssystem der Erde zugeschnitten ist, ein kontextsensitives Modell ist, das in seinem spezifischen Kontext bestens funktioniert, obgleich es mit dem kontextfreien universellen Modell der Raumzeit, das an der Relativitätstheorie orientiert ist, zum Teil nicht übereinstimmt.

Aus dieser Sicht hat auch Aristoteles eine kontextuell gebundene Theorie der Zeit entwickelt (*bounded theory of time*), deren Grundzüge, wenn man sie in eine von der modernen Physik und Philosophie geprägte Terminologie übersetzt, bis heute akzeptabel zu sein scheinen, obgleich sie natürlich bei weitem nicht den inhaltlichen Reichtum und die analytische Schärfe moderner Zeit-Theorien aufweist. Immerhin haben wir feststellen können, dass auch für Aristoteles die Einführung der subjektiven Zeit das Resultat verlässlicher kognitiver Operationen, insbesondere der Zuschreibung von Präsenzen oder Jetzt-Momenten im Blick auf periodische Bewegungsphasen ist (vgl. seine Grundsätze A4, A5). Daher sind für ihn kinematische Prozesse die kosmische Grundlage zeitlicher Phänomene, und temporale Zuschreibungen konstituieren im Rahmen einer mathematischen Struktur eine zeitliche Ordnung (vgl. A2, A6), deren Realität gerade durch die epistemologische Verlässlichkeit dieser Zuschreibungen gewährleistet ist (vgl. A1, A5). Diese reale Ordnung kann nicht allein durch Wahrnehmung erfasst werden (vgl. A3). Damit ist die Annahme vereinbar, dass sich zumindest makroskalare Entitäten im Rahmen von wandernden Präsenzen bewegen (vgl. A3). Und schließlich scheinen auch für Aristoteles subjektive und objektive Zeitverhältnisse durch isomorphe Strukturen miteinander verbunden zu sein (A8, A9). Damit lassen sich fast alle zeit-theoretischen Intuitionen, die Aristoteles in Gestalt der Grundsätze (A1)–(A10) artikuliert oder angedeutet hat, im oben gezeichneten neuen Bild von der modalzeitlichen und lagezeitlichen Ordnung wieder aufnehmen.

---

223 Vgl. zu den Theorien der *bounded rationality* und ihrem Verhältnis zu kontextfreien, durch formale Logik und mathematische Wahrscheinlichkeitstheorie geprägten Rationalitätstheorien zur Einführung Wheeler 2020. Zu den Autoren, die diese Theorie entwickelt haben, gehören Gigerenzer, Selten 2002, Gigerenzer, Hertwig, Pachur 2011, und Gigerenzer, Todd, ABC-Group 1999. Diese Autoren betonen, dass die kontextuell begrenzte Rationalität in lebenspraktischen Kontexten nicht nur einfacher, sondern auch effizienter ist als die kontextfreien „Göttlichkeitsmodelle" der Rationalität. Vgl. dazu z. B. auch Detel 2014, Abschnitt 4.7.

Es versteht sich von selbst, dass der historische zeit-theoretische Ansatz von Aristoteles und das oben gezeichnete revidierte Bild von der Unterscheidung zwischen subjektiver und objektiver Zeit zunächst einmal für sich selbst stehen müssen und keine zusätzliche Plausibilität erhalten, nur weil es einige Parallelen zwischen ihnen gibt. Doch ist es zumindest interessant, dass sich auch auf dem Gebiet der Zeit-Theorie, ähnlich wie zum Beispiel auf den Gebieten der formalen Logik, der Wissenschaftstheorie, der essentialistischen Metaphysik oder der Ethik, in der Philosophie der letzten sechs bis sieben Jahrzehnte eine Distanzierung von der neuzeitlichen Subjekt-Philosophie (von der Frühen Neuzeit bis zur Mitte des 20. Jahrhunderts) und eine gewisse Hinwendung zu antiken Denkern und insbesondere zu Aristoteles abzeichnet, die oft „Neoaristotelismus" genannt wird.[224]

---

224 Vgl. z. B. Detel 2005, 125–142.

Literatur

Adams, F., Aizawa, K., 2017, „Causal Theories of Mental Content", *The Stanford Encyclopedia of Philosophy* (Summer 2017 Edition), Zalta, E. N. (ed.), URL = <https://plato.stanford.edu/archives/sum2017/entries/content-causal/>.

Allman, M. J., Teki, S., Griffiths, T. D., Meck, W. H., 2014, „Properties of the Internal Clock: First- and Second-Order Principles of Subjective Time", *Annual Review of Psychology* 65: 743–771.

Anderson, R., 1998, „Truth and Objectivity in Perspectivism", *Synthese* 115: 1–32.

Annas, J., 1975, „Aristotle, Number and Time", *The Philosophical Quarterly* 25(99): 97–113.

Anscombe, E., 1957, *Intention*. Oxford: Blackwell.

Aristoteles, 1967, *Physikvorlesung*. Wagner, H. (Übers.), Grumach, E. (Hg.), Aristoteles: Werke in deutscher Übersetzung Bd. 11. Darmstadt: Wissenschaftliche Buchgesellschaft.

Aristotle, 1960, *Physics*: A Revised Text with Introduction and Commentary by W. Ross. Oxford: Clarendon Press.

Aristotle, 1983, *Physics*: Books III and IV, Translated with Notes by E. Hussey. Oxford: Clarendon Press.

Arstila, V., Lloyd, D. (eds.), 2014, *Subjective Time: The Philosophy, Psychology, and Neuroscience of Temporality*. Cambridge, MA: MIT Press.

Arstila, V., 2016, „The Time of Experience and the Experience of Time"; in Mölder B., Arstila, V., Øhrstrøm, P. (eds.), 2016, 163–186.

Ayers, M., 1998, „Ideas and Objective Being"; in Garber, D., Ayers, M. (eds.), *The Cambridge History of Seventeenth-Century Philosophy*. Vol. II, Cambridge: Cambridge University Press, 1062–1107.

Baños, R. M., Botella, C., Alcañiz, M., Liaño, V., Guerrero, B., Rey, B., 2004, „Immersion and Emotion: Their Impact on the Sense of Presence", *CyberPsychology & Behavior* 7(6): 734–741.

Barnes, J., 1979, *The Presocratic Philosophers*. London: Routledge.

Bartels, A., Stöckler, M. (Hrsg.), 2007, *Wissenschaftstheorie. Ein Studienbuch*. Paderborn: Mentis.

Beckermann, A., 2001, *Analytische Einführung in die Philosophie des Geistes*. Berlin: De Gruyter.

Blewett, A. E., 1992, „Abnormal Subjective Time Experience in Depression", *The British Journal of Psychiatry* 161(2): 195–200.

Boghossian, P. A., 1995, „Content"; in Kim, J., Sosa, E. (eds.), *A Companion to Metaphysics*, Oxford: Blackwell, 94–96.

Böhme, G., 1974, *Zeit und Zahl. Studien zur Zeittheorie bei Platon, Aristoteles, Leibniz und Kant*. Frankfurt am Main: Klostermann.

Böhme, G., 2000, *Platons theoretische Philosophie*. Stuttgart: Springer.

Bostock, D., 1980, „Aristotle's Account of Time", *Phronesis* 25(2): 148–169.

Bowin, J., 2009, „Aristotle on the Order and Direction of Time", *Apeiron* 42(1): 33–62.

Brentano, F., 1874, *Psychologie vom empirischen Standpunkt*. Kraus, O. (Hg.), Leipzig: Meiner, 1924.

Brettler, M., 2004, „Cyclical and Teleological Time in the Hebrew Bible"; in Rosen, R. M. (ed.), *Time and Temporality in the Ancient World*. Philadelphia: University of Pennsylvania Press, 111–128.

Burr, D., Morrone, C., 2006, „Time Perception: Space–Time in the Brain", *Current Biology* 16(5): R171–R173.
Butterfield, J., 1984, „Seeing the Present", *Mind* 93(370): 161–176.
Chalmers, D., 2004, „The Representational Character of Experience"; in Leiter, B. (ed.), *The Future for Philosophy*. Oxford: Oxford University Press, 153–181.
Cherniss, H. F., 1944, *Aristotle's Criticism of Plato and the Academy*. Vol. 1, Baltimore: Johns Hopkins University Press.
Conant, R. D., 1996, „Memories of the Death and Life of a Spouse: The Role of Images and Sense of Presence in Grief"; in Klass, D., Silverman P. R., Nickman, S. L. (eds.), *Continuing Bonds: New Understandings of Grief*. New York: Routledge, 179–196.
Conen, P. F., 1964, *Die Zeittheorie des Aristoteles*. München: C. H. Beck.
Coope, U., 2008, *Time for Aristotle: Physics IV.10–14*. Oxford: Oxford University Press.
Cornford, F. M., 1937, *Plato's Cosmology. The Timaeus of Plato Translated with a Running Commentary*. London: Kegan Paul, Trench, Trubner.
Cornish, D., 1976, „Aristotle's Attempted Derivation of Temporal Order from That of Movement and Space", *Phronesis* 21(3): 241–251.
Crane, T., 2013, *The Objects of Thought*. Oxford: Oxford University Press.
Crane, T., French, C., 2017, „The Problem of Perception", *The Stanford Encyclopedia of Philosophy* (Spring 2017 Edition), Zalta, E. N. (ed.), URL = <https://plato.stanford.edu/archives/spr2017/entries/perception-problem/>.
Dainton, B., 2016, *Time and Space*. New York: Routledge.
Davidson, D., 1974, „On the Very Idea of a Conceptual Scheme", *Proceedings and Addresses of the American Philosophical Association* 47: 5–20.
Davidson, D., 1984, *Inquiries into Truth and Interpretation*. Oxford: Oxford University Press.
Davidson, D., 1988, „The Myth of the Subjective"; in Benedikt, M., Burger, R. (Hrsg.), *Bewußtsein, Sprache und die Kunst*. Wien: Verlag der Österreichischen Staatsdruckerei, 45–54.
Davidson, D., 2001, *Inquiries into Truth and Interpretation: Philosophical Essays*. Vol. 2, Oxford: Oxford University Press.
Davidson, D., 1967, „Truth and Meaning"; in Davidson D., 1984. 17–36.
Dennett, D., 1987, *The Intentional Stance*. Cambridge, MA: MIT Press.
Detel, W., 2005, *Aristoteles*. Stuttgart: Reclam.
Detel, W., 2001, „Teleosemantik. Ein neuer Blick auf den Geist?", *Deutsche Zeitschrift für Philosophie* 49(3): 465–491.
Detel, W., 2002, „Wahrheit und Repräsentation"; in Figal, G. (Hg.), *Interpretationen der Wahrheit*. Tübingen: Attempto, 182–200.
Detel, W., 2013, *Geist und Verstehen*. Frankfurt am Main: Klostermann.
Detel, W., 2014, *Kognition, Parsen und rationale Erklärung*. Frankfurt am Main: Klostermann.
Detel, W., 2015, *Grundkurs Philosophie*. Bd, 3: *Philosophie des Geistes und der Sprache*. Stuttgart: Reclam.
Dorato, M., Wittmann, M., 2015, „The Now and the Passage of Time. From Physics to Psychology", *KronoScope* 15(2): 191–213.
Eagleman, D. M., Tse, P. U., Buonomano, D., Janssen, P., Nobre, A. C., Holcombe, A. O., 2005, „Time and the Brain: How Subjective Time Relates to Neural Time", *The Journal of Neuroscience* 25(45): 10369–10371.
Egan, F., 2014, „How to Think About Mental Content", *Philosophical Studies* 170 (1): 115–135.

Ellis, G. F. R., 2014, „The Evolving Block Universe and the Meshing Together of Times", *Annals of the New York Academy of Sciences* 1326(1): 26–41.
Evans, G., McDowell, J. (eds.), 1976, *Truth and Meaning: Essays in Semantics*. Oxford: Oxford University Press.
Field, H., 1978, „Mental Representation", *Erkenntnis* 13(1): 9–61.
Fodor, J. A., 1981, *RePresentations: Philosophical Essays on the Foundations of Cognitive Science*. Cambridge, MA: MIT Press.
Fodor, J. A., 1990, *A Theory of Content and Other Essays*, Cambridge, MA: MIT Press.
Fontaine, G., 1992, „The Experience of a Sense of Presence in Intercultural and International Encounters", *Presence: Teleoperators & Virtual Environments* 1(4): 482–490.
Frege, G., 1892, „Über Sinn und Bedeutung", *Zeitschrift für Philosophie und philosophische Kritik* 100(1): 25–50.
Frege, G., 1988, *Die Grundlagen der Arithmetik*. Hamburg: Meiner.
Gale, R. M. (ed.), 2016, *The Philosophy of Time: A Collection of Essays*. New York: Springer.
Gigerenzer, G., Selten, R. (eds.), 2002, *Bounded Rationality: The Adaptive Toolbox*. Cambridge, MA: MIT Press.
Gloy, K., 2013, „Was ist Zeit? Vortrag vom 23.07.2013 Luzern", *ESSSAT-Tagung*. (Audiodatei), URL = https://www.mensch-welt-gott.de/karen-gloy-2082.php.
Glüer, K., Wikforss, Å., 2018, „The Normativity of Meaning and Content", *The Stanford Encyclopedia of Philosophy* (Spring 2018 Edition), Zalta, E. N. (ed.), URL = <https://plato.stanford.edu/archives/spr2018/entries/meaning-normativity/>.
Hale, C. S., 1993, „Time Dimensions and the Subjective Experience of Time", *Journal of Humanistic Psychology* 33(1): 88–105.
Hartung, G. (Hg.), 2015, *Mensch und Zeit*. Wiesbaden: Springer.
Hertz, H., 1892, *Untersuchungen über die Ausbreitung der elektrischen Kraft*. Gesammelte Werke, Bd. 2. Leipzig: Barth.
Hertz, H., 1894/1996, *Die Prinzipien der Mechanik in neuem Zusammenhange dargestellt*. Frankfurt am Main: Harri Deutsch.
Hestevold, H. S., 1990, „Passage and the Presence of Experience", *Philosophy and Phenomenological Research* 50(3): 537–552.
Hildreth, E. C., Koch, C., 1987, „The Analysis of Visual Motion: From Computational Theory to Neural Mechanisms", *Annual Review of Neuroscience* 10: 477–533.
Hinz, A., 2000, *Psychologie der Zeit*. Münster: Waxmann.
Hubbard, T. L., 2007, „What is Representation? And How Does It Relate to Consciousness?", *Journal of Consciousness Studies* 14(1): 37–61.
Inwood, M., 1991, „Aristotle on the Reality of Time"; in Judson, L. (ed.), *Aristotle's Physics: A Collection of Essays*. Oxford: Clarendon Press, 151–178.
Isham, C. J., Polkinghorne, J. C., 1993, „The Debate over the Block Universe"; in Russell, R. J., Murphy, N., Isham, C. J. (eds.), 1993, 135–144.
Jacob, P., 2019, „Intentionality", *The Stanford Encyclopedia of Philosophy* (Winter 2019 Edition), Zalta, E. N. (ed.), URL = <https://plato.stanford.edu/archives/win2019/entries/intentionality/>.
Jokic, T., Zakay, D., Wittmann, M., 2018, „Individual Differences in Self-Rated Impulsivity Modulate the Esrimation of Time in a Real Waiting Situation". *Timing and Time Perception* 6: 71–89.
Kallestrup, J., 2012, *Semantic Externalism*. Abingdon: Routledge.

Kiefer, C., 2011, „Time in Quantum Gravity"; in Callender, C. (ed.), *The Oxford Handbook of Philosophy of Time*. Oxford: Oxford University Press, 663–678.
Kim, J., 1998, *Philosophie des Geistes*. Berlin: Springer.
Kolers, P. A., 2013, *Aspects of Motion Perception*. International Series of Monographs in Experimental Psychology. Vol. 16, Dordrecht: Elsevier.
Kretzmann, N., Sorabji, R. R. K., 1976, „Aristotle on the Instant of Change", *Proceedings of the Aristotelian Society, Supplementary Volume* 50: 91–114.
Kripke, S. A., 1972, „Naming and Necessity"; in Davidson D., Harman, G. (eds.), *Semantics of Natural Language*. Dordrecht: D. Reidel, 253–355.
Kuhlmann, M., 2012, „Erlebte und physikalische Zeit", *Philosophia Naturalis* 49(2): 171–174.
Lau, J., Deutsch, M., 2019, „Externalism About Mental Content", *The Stanford Encyclopedia of Philosophy* (Fall 2019 Edition), Zalta, E. N. (ed.), URL = <https://plato.stanford.edu/archives/fall2019/entries/content-externalism/>.
Le Poidevin, R., 2007, *The Images of Time: An Essay on Temporal Representation*. Oxford: Oxford University Press.
Le Poidevin, R., 2019, „The Experience and Perception of Time", *The Stanford Encyclopedia of Philosophy* (Summer 2019 Edition), Zalta, E. N. (ed.), URL = <https://plato.stanford.edu/archives/sum2019/entries/time-experience/>.
Liz Gutiérrez, A. M., Vázquez Campos, M., 2015, „Subjective and Objective Aspects of Points of View"; in Vázquez Campos M., Liz Gutiérrez A. M. (eds.), *Temporal Points of View: Subjective and Objective Aspects*, Studies in Applied Philosophy, Epistemology and Rational Ethics 23. Cham: Springer, 59–104.
Lohmar, D., 2010, „On the Constitution of the Time of the World: The Emergence of Objective Time on the Ground of Subjective Time"; in Lohmar, D., Yamaguchi I. (eds.), 2010, *On Time – New Contributions to the Husserlian Phenomenology of Time*, Phaenomenologica 197. Dordrecht: Springer.
Lombard, M., Ditton, T., 1997, „At the Heart of It All: The Concept of Presence", *Journal of Computer-Mediated Communication* 3(2). Online: https://doi.org/10.1111/j.1083-6101.1997.tb00072.x.
Lucas, J. R., 2018, *A Treatise on Time and Space*. Abingdon: Routledge.
Makin, S., 2007, „About Time for Aristotle", *The Philosophical Quarterly* 57(227): 280–293.
Mannino, G., Montefiori, V., Faraci, E., Pillitteri, R., Iacolino, C., Pellerone, M., Giunta, S., 2017, „Subjective Perception of Time: Research Applied on Dynamic Psychology", *World Futures* 73(4–5): 285–302.
Markosian, N., 2016, „Time", *The Stanford Encyclopedia of Philosophy* (Fall 2016 Edition), Zalta, E. N. (ed.), URL = <https://plato.stanford.edu/ archives/fall2016/ entries/time/>.
Marquardt, U., 1993, *Die Einheit der Zeit bei Aristoteles*, Epistemata 127. Würzburg: Königshausen & Neumann.
McDowell, J., 1994, *Mind and World*. Cambridge MA: Harvard University Press.
McDowell, J., 1998, *Mind, Value, and Reality*. Cambridge MA: Harvard University Press.
McDowell, J., 1998a, „Aesthetic Value, Objectivity, and the Fabric of the World"; in McDowell, J., 1998, 112–130.
McDowell, J., 1998b, „Values and Secondary Qualities"; in McDowell, J., 1998, 131–150.
McDowell, J., 1998c, „Projection and Truth in Ethics"; in McDowell, J., 1998, 151–166.
McDowell, J., 1998d, „Two Sorts of Naturalism"; in McDowell, J., 1998, 167–197.
McGinn, C., 1989, *Mental Content*. Oxford: Blackwell.

McGlone, M., 2012, „Propositional Structure and Truth Conditions", *Philosophical Studies* 157(2): 211–225.
McTaggart, J. E., 1908, „The Unreality of Time", *Mind* 17(68), 457–474.
Measor, N., Shorter, M., 1986, „Subjective and Objective Time", *Proceedings of the Aristotelian Society, Supplementary Volume* 60(1): 207–234.
Mesch, W., 2003, *Reflektierte Gegenwart. Eine Studie über Zeit und Ewigkeit bei Platon, Aristoteles, Plotin und Augustinus.* Frankfurt am Main: Klostermann.
Metzinger, Th. (Hg.), 2010, *Grundkurs Philosophie des Geistes*, Bd. 3: *Intentionalität und mentale Repräsentation.* Paderborn: Mentis.
Miller, F. D., 1974, „Aristotle on the Reality of Time", *Archiv für Geschichte der Philosophie* 56: 132–155.
Millikan, R. G., 1995, „Pushmi-Pullyu Representations", *Philosophical Perspectives* 9: 185–200.
Millikan, R. G., 1984, *Language, Thought, and Other Biological Categories: New Foundations for Realism.* Cambridge, MA: MIT Press.
Mölder B., Arstila, V., Øhrstrøm, P. (eds.), 2016, *Philosophy and Psychology of Time*, Studies in Brain and Mind 9. Cham: Springer.
Montemayor, C., Wittmann, M., 2014, „The Varieties of Presence: Hierarchical Levels of Temporal Integration", *Timing & Time Perception* 2(3): 325–338.
Nagel, T., 1989, *The View from Nowhere.* Oxford: Oxford University Press.
Neander, K., 2018, „Teleological Theories of Mental Content", *The Stanford Encyclopedia of Philosophy* (Spring 2018 Edition), Zalta, E. N. (ed.), URL = <https://plato.stanford.edu/archives/spr2018/ entries/content-teleological/>.
Nielsen, K., 1993, „Perspectivism and the Absolute Conception of the World", *Crítica* 25(74): 105–116.
Noë, A., 2012, *Varieties of Presence.* Cambridge MA: Harvard University Press.
Nyberg, L., Kim, A. S. N., Habib, R., Levine, B., Tulving, E., 2010, „Consciousness of Subjective Time in the Brain", *Proceedings of the National Academy of Sciences of the USA* 107(51): 22356–22359.
Øhrstrøm, P., 2016, „The Concept of Time: A Philosophical and Logical Perspective"; in Mölder B., Arstila, V., Øhrstrøm, P. (eds.), 2016, 9–22.
Owen, G. E. L., 1976, „Aristotle on Time"; in Machamer, P., Turnbull, R. (eds.), *Motion and Time, Space and Matter: Interrelations in the History of Philosophy and Science.* Columbus: Ohio State University Press, 3–27.
Papineau, D., 1987, *Reality and Representation.* Oxford: Blackwell.
Peacocke, C., 1983, *Sense and Content.* Oxford: Clarendon Press.
Peacocke, C., 1989, „Perceptual Content"; in Almog, J., Perry, J., Wettstein, H. (eds.), *Themes from Kaplan.* New York, Oxford: Oxford University Press, 297–329.
Perner, J., 1991, *Understanding the Representational Mind.* Cambridge MA: MIT Press.
Perner, J., Aichhorn, M., Kronbichler, M., Staffen, W., Ladurner, G., 2006, „Thinking of Mental and Other Representations: The Roles of Left and Right Temporo-parietal Junction", *Social Neuroscience* 1(3–4): 245–258.
Peterson, D., Silberstein, M., 2010, „Relativity of Simultaneity and Eternalism: In Defense of the Block Universe"; in Petkov, V. (ed.), *Space, Time, and Spacetime*, Fundamental Theories of Physics 167. Berlin, Heidelberg: Springer, 209–237.

Petitot, J., Varela, F. J., Pachoud, B., Roy, J. M. (eds.), 1999, *Naturalizing Phenomenology: Issues in Contemporary Phenomenology and Cognitive Science*. Stanford: Stanford University Press.

Pitt, D., 2017, „Mental Representation", *The Stanford Encyclopedia of Philosophy* (Spring 2017 Edition), Zalta, E. N. (ed.), URL = <https://plato.stanford.edu/archives/spr2017/entries/mental-representation/>.

Pöppel, E., Bao, Y., 2014, „Temporal Windows as a Bridge from Objective to Subjective Time"; in Arstila, V., Lloyd, D. (eds.), 2014, 241–261.

Pöppel, E., 1978, „Time Perception"; in Held, R., Leibowitz, H.W., Teubner, H. L. (eds.), *Perception*, Handbook of Sensory Physiology 8. Berlin, Heidelberg, New York: Springer, 713–729.

Putnam, H., 1974, „Meaning and Reference", *The Journal of Philosophy* 70(19): 699–711.

Putnam, H., 1975, „The Meaning of 'Meaning'", *Minnesota Studies in the Philosophy of Science* 7: 131–193.

Putnam, H., 1988, *Representation and Reality*. Cambridge MA: MIT Press.

Quine, W. V., 1948, „On What There Is", *The Review of Metaphysics* 2: 21–38.

Ratcliffe, M., 2008, *Feelings of Being: Phenomenology, Psychiatry and the Sense of Reality*. Oxford: Oxford University Press.

Rey, G., 1997, *Contemporary Philosophy of Mind*. Oxford: Oxford University Press.

Roark, T., 2004, „Why Aristotle Says There Is No Time Without Change", *Apeiron* 37: 227–246.

Roark, T., 2011, *Aristotle on Time: A Study of the Physics*. Cambridge: Cambridge University Press.

Rudolph, E. (Hg.), 1988, *Zeit, Bewegung, Handlung: Studien zur Zeitabhandlung des Aristoteles*. Stuttgart: Klett-Cotta.

Russell, B., 1927, *The Analysis of Matter*. London: Kegan Paul.

Russell, R. J., Murphy, N., Isham, C. J. (eds.), 1993, *Quantum Cosmology and the Laws of Nature: Scientific Perspectives on Divine Action*. Vatican City: Vatican Observatory Publications.

Samson, D., Apperly I. A., Chiavarino, C., Humphreys, G. W., 2004, „Left Temporoparietal Junction is Necessary for Representing Someone Else's Belief", *Nature Neuroscience* 7(5): 499–500.

Sanchez-Vives, M. V., Slater, M., 2005, „From Presence to Consciousness Through Virtual Reality", *Nature Reviews Neuroscience* 6: 332–339.

Schlicht, T., Smortchkova, J. (Hg.), 2018, *Mentale Repräsentationen-Grundlagentexte*. Berlin: Suhrkamp.

Schröder, J., 2004, *Einführung in die Philosophie des Geistes*. Frankfurt am Main: Suhrkamp.

Searle, J. R., 1987, *Intentionalität. Eine Abhandlung zur Philosophie des Geistes*. Frankfurt am Main: Suhrkamp.

Searle, J. R., 1996, *Die Wiederentdeckung des Geistes*. Frankfurt am Main: Suhrkamp.

Sieroka, N., 2009, „Ist ein Zeithof schon genug? – Neurophänomenologische Überlegungen zum Zeitbewusstsein und zur Rolle des Auditiven", *Philosophia Naturalis* 46: 213–250.

Sieroka, N., 2014, *Philosophie der Physik. Eine Einführung*. München: C. H. Beck.

Sieroka, N., 2018, *Philosophie der Zeit. Grundlagen und Perspektiven*. München: C. H. Beck.

Soames, S., 1992, „Truth, Meaning, and Understanding", *Philosophical Studies* 65(1): 17–35.

Sorabji, R. R. K., 1983, *Time, Creation and the Continuum: Theories in Antiquity and the Early Middle Ages*. London: Duckworth.

Speaks, J., 2017, „Theories of Meaning", *The Stanford Encyclopedia of Philosophy* (Fall 2017 Edition), Zalta, E. N. (ed.), URL = <https://plato.stanford.edu/archives/fall2017/entries/meaning/>.

Speaks, J., 2006, „Truth Theories, Translation Manuals, and Theories of Meaning", *Linguistics and Philosophy* 29: 487–505.

Sperber, D. (ed.), 2000, *Metarepresentations: A Multidisciplinary Perspective*. Oxford: Oxford University Press.

Stegmüller, W., 1970, *Probleme und Resultate der Wissenschaftstheorie und Analytischen Philosophie*, Bd. 2: *Theorie und Erfahrung*. Berlin, Heidelberg: Springer.

Stich, S. P., Warfield, T. H. (eds.), 1994, *Mental Representation: A Reader*. Cambridge, MA: Blackwell.

Stöckler, M., 1984, *Philosophische Probleme der relativistischen Quantenmechanik*, Erfahrung und Denken 65. Berlin: Duncker & Humboldt.

Stöckler, M., 1993, „Ereignistransformationen. Relativierungen des Zeitbegriffs in der Physik des 20. Jahrhunderts"; in Baumgartner, H. M. (Hg.), *Das Rätsel der Zeit*. Freiburg: Karl Alber, 149–177.

Stöckler, M., 1994, „Zeittheorien in der modernen Physik"; *Information Philosophie* 22(4): 36–44.

Stöckler, M., 1995, „Zeit im Wechselspiel von Physik und Philosophie"; in Krüger, L., Falkenburg, B. (Hrsg.), *Physik, Philosophie und die Einheit der Wissenschaft*. Heidelberg: Spektrum, 213–217.

Stöckler, M., 1996, „Umsturz im Weltbild der Physik: Bemerkungen zur Interpretation der Quantenmechanik und zu ihren Folgen für die Naturauffassung der Gegenwart"; in Schäfer, L., Ströker, E. (Hrsg.), *Naturauffassungen in Philosophie, Wissenschaft, Technik*, Band 4: *Gegenwart*. Freiburg, München: Karl Alber, 35–64.

Stöckler, M., 2006, „Die Gesetze der Physik und die Richtung der Zeit"; in Kreuzer, J., Mohr, G. (Hrsg.), 2006, *Die Realität der Zeit*. München: Wilhelm Fink, 119–136.

Stöckler, M., 2007, „Philosophische Probleme der Quantentheorie"; in Bartels, A., Stöckler, M. (Hrsg.), 2007, 245–264.

Stöckler, M., 2008, „Zeit", *Metzler Lexikon Philosophie*, Burkard, F. P., Precht, P. (Hrsg.), Stuttgart: Springer, URL = <https://www.spektrum.de/lexikon/philosophie/zeit/2262>

Szpunar, K., 2011, „On Subjective Time", *Cortex* 47: 409–411.

Tarán, L., 1979, „Perpetual Duration and Atemporal Eternity in Parmenides and Plato", *The Monist* 62(1): 43–53.

Thapar, R., 2005, „Cyclic and Linear Time in Early India", *Museum International* 57(3): 19–31.

Waterlow, S., 1984, „Aristotle's Now", *Philosophical Quarterly* 34(135): 104–128.

Weidemann, H. (Übers.), 2002, *Aristoteles. Peri hermeneias*. Flashar, H. (Hg.), Werke in deutscher Übersetzung, Band 1, Teil 2. Berlin: Akademie Verlag.

Welch, R. B., Blackmon, T. T., Liu, A., Mellers, B. A., Stark, L. W., 1996, „The Effects of Pictorial Realism, Delay of Visual Feedback, and Observer Interactivity on the Subjective Sense of Presence", *Presence: Teleoperators and Virtual Environments* 5(3): 263–273.

Wertheimer, M., 1912, „Experimentelle Studien über das Sehen von Bewegung", *Zeitschrift für Psychologie* 61(1): 161–265.

White, M. J., 1989, „Aristotle on 'Time' and 'A Time'". *Apeiron* 22(3): 207–224.

Wieland, W., 1962, *Die aristotelische Physik*. Göttingen: Vandenhoeck & Ruprecht.

Wilson, A. E., Gunn, G. R., Ross, M., 2009, „The Role of Subjective Time in Identity Regulation", *Applied Cognitive Psychology* 23: 1164–1178.
Wittmann, M., 2013, „The Inner Sense of Time: How the Brain Creates a Representation of Duration", *Nature Reviews Neuroscience* 14: 217–223.
Wittmann, M., 2016, „The Duration of Presence"; in Mölder B., Arstila, V., Øhrstrøm, P. (eds.), 2016, 101–116.
Wittmann, M., 2017, *Felt Time: The Science of How We Experience Time*. Cambridge MA: MIT Press.
Zakay, D., 2016, „Psychological Time"; in Mölder B., Arstila, V., Øhrstrøm, P. (eds.), 2016, 53–68.
Zeller, E., 1963, *Die Philosophie der Griechen in ihrer geschichtlichen Entwicklung*, Bd 2(2): *Aristoteles und die alten Peripatetiker*. Hildesheim: Olms.

Personenregister

Allman, M. 77
Anderson, R. 73
Annas, J. 11, 27
Anscombe, E 59 f., 71
Arstila, V. 59, 88, 92

Barnes, J. 37
Beckermann, A. 59
Böhme, G. 8 f., 11, 28
Bostock, D. 11, 27 f.
Bowin, J. 11, 16 f., 20, 34
Brentano, F. 59, 71

Chalmers, D. 75
Cherniss, H. F. 7, 11
Coope, U. 11, 13, 17 f., 21–23, 27 f.
Cornford, F. M. 7, 11
Crane, T. 59, 84

Davidson, D. 60, 63, 65, 68 f., 72, 74 f.
Dennett, D. 59
Detel, W. 59, 74 f., 98 f.
Deutsch, M. 73
Dorato, M. 47, 49, 55

Eagleman, D. M 52, 55, 92
Ellis, G. F. R. 44

Frege, G. 59, 62 f., 71
French, C. 84

Gloy, K. 37

Hestevold, H. S. 85
Hildreth, E. C. 57
Hinz, A. 47 f.
Hubbard, T. L. 71
Husserl, E. 51, 56

Jokic, T. 80

Kant, I. 48, 70, 90
Kiefer, C. 58

Koch, C. 57
Kolers, P. A. 57
Kretzmann, N. 27

Lau, J. 73
Le Poidevin, R. 48, 53, 55–57, 84, 89
Lloyd, D. 59
Locke, J. 2
Lohmar, D. 49, 56, 90
Lucas, J. R. 37

Markosian, N. 2, 47
McDowell, J. 48, 59, 67, 69, 72
McTaggart, J. E. 1, 47, 56
Measor, N. 46
Metzinger, Th. 59
Miller, F. D. 27
Millikan, R. G. 74
Montemayor, C. 55

Nagel, T. 67, 69
Nielsen, K. 73
Noë, A. 47, 49

Owen, G. E. L 11, 17, 27

Parmenides 7, 10, 44
Peacocke, C. 75
Perner, J. 59
Pitt, D. 59
Plotinus 27
Pöppel, E. 48, 53 f.
Putnam, H. 59, 74

Quine, W. V. 67–70

Ratcliffe, M. 47, 49

Schlicht, T. 59, 71
Schröder, J. 71
Seifert, U. 4, 14
Shorter, M. 46

Sieroka, N.   1f., 14, 44–47, 49f., 54, 56, 58, 87, 90, 92f., 96
Simplicius   27, 37
Smortchkova, J.   59, 71
Sorabji, R. R. K.   11, 17, 27
Stegmüller, W.   31, 56
Stöckler, M.   4, 43–45, 58, 96
Szpunar, K.   47

Tarán, L.   7, 11

Wertheimer, M.   57
Wittmann, M.   4, 47, 49, 55, 76, 78, 80

Zakay, D.   45, 80
Zeller, E.   11, 27

Sachregister

A-Reihe 1
Astronomie 7f., 31f.
atemporale Sprache 46f.
Autorität der ersten Person 61, 65, 85, 88

Begriffsschema 68f.
Bewusstsein 47, 51, 60–65, 78, 85, 90
– Ich-Bewusstsein 61
– Monitorbewusstsein 61
– phänomenales Bewusstsein 61
– Subjektbewusstsein 60f.
– Zustandsbewusstsein 60f., 63, 65
Biorhythmus 76f.
Blockuniversum 43, 46
– block universe theory 43
– growing block theory 19
B-Reihe 1

Chronobiologie 76

Dinge an sich 70

Emotionen 64, 75f.
Empirismus 72
Entropie 44

Funktionalität 61f.

Gegenwart 1, 7f., 39, 43f., 46f., 50, 54, 80
Geist-Abhängigkeit 62
Geist-Unabhängigkeit 62
Gestaltmechanismen 57
Gleichzeitigkeit 10, 44, 46, 83, 87
Gottesstandpunkt 69

Intentionalität 59f.
Interpretationismus 74
Irreversibilität 12, 18f., 26, 29, 38
Isomorphismus 18, 22, 97

Jetzt 1f., 10f., 24–26, 28–30, 32, 38f., 44–47, 49–52, 54, 56, 63, 81, 83, 85–87, 89, 95, 98

Kalender 1, 23, 39, 56, 86–88, 90, 95
Kausalität, Kausalbegriff 44
Kinästhesie 56, 78, 85
Korrektheitsbedingungen 60, 72, 75, 94

lagezeitliche Ordnung 1, 7, 11, 25, 38f., 43, 45, 48, 56, 80, 91f., 94f., 97f.

mentale Aktivitäten 60, 66
mind reading 62, 72, 74
modalzeitliche Ordnung 1, 25, 38f., 47, 54, 56, 58, 81, 83, 87f., 90, 94, 97

Naturalismus 66

Objektivität 3, 49, 59, 62–68, 70, 72, 76, 80f., 96
– absolute Objektivität 65–68, 70, 93, 96
– Dualismus von Subjektivität und Objektivität 2, 43, 68, 93

Perspektivität 54, 63, 68f., 71, 73, 94
Präsenz 1, 7, 29, 39, 44, 47–55, 59, 61, 70, 79, 82–90, 93f., 98
– Erfahrung der Präsenz 84f., 88
– Gefühl der Präsenz 47, 49
– Ko-Präsenz 86, 88f.
– körpereigene Präsenz 85f.
– mentale Präsenz 52
– psychologische Präsenz 50
– Wahrnehmung der Präsenz 49, 51, 86, 88, 90, 95
Prinzip der Erfahrung 85

Quantentheorie, Quantenmechanik 58

Raumzeit 23, 46, 51, 80, 90, 98
Relativitätstheorie 23f., 44, 46, 56, 58, 95, 97f.
Repräsentation 54, 59–62, 64, 70–73, 75, 77, 80f., 88–91, 94–96
Repräsentationalität 59–62, 70, 73, 80, 90, 94

Sachregister

semantischer Externalismus   74
semantischer Gehalt   20, 33 f., 55, 60 – 62, 64, 70, 72 – 75, 84 f., 87 f.
– enge semantische Gehalte   73
– weite semantische Gehalte   74
semantischer Internalismus   73
Sprache   47, 68 – 70, 94
Subjektivität   3, 49, 54, 59, 62 – 66, 70, 73, 76, 80 f., 85, 96
– absolute Subjektivität   70, 93
– Dualismus von Subjektivität und Objektivität   2, 43, 68, 93
– objektive Subjektivität   4, 73, 75 – 77, 80, 90, 94
– Subjektivität der subjektiven Zeit   54

Teleosemantik   74
temporale Sprache   46
Triangulation   74

Uhr   1, 25, 45, 47, 76 f.
– innere Uhr   76 – 80, 85, 95
– Körperuhr   77
– lokale Uhr   25, 30, 39, 86, 88, 90, 95
– subjektive Uhr   76
Unendlichkeit   13 f.
Urknall   44

Vererbungsprinzip   84, 86
Verstehen   22 f., 53, 59, 68, 72, 74, 84

Zeit   1 – 4, 7 f., 10 – 17, 19 f., 23 – 32, 35, 37 – 40, 43 – 49, 51 – 59, 63, 67, 77 – 87, 90 – 95, 97 – 99
– embodied time   59
– neuronale Taktung   93
– objektive Zeit   1 – 4, 8, 11, 29, 32, 38, 40, 43, 45 – 49, 51, 54, 56, 58 f., 70, 81, 84, 90 f., 93 – 95, 97, 99
– periodische Bewegung   2, 8, 31, 45, 87, 95
– subjektive Zeit   1, 3, 38, 47 – 51, 53 f., 56 – 59, 62, 70, 76, 78 – 85, 87 f., 90 – 95, 98
– temporales Feld   51 f.
– Verfließen der Zeit   47
– Zeitbewusstsein   48, 78
– Zeiterfahrung   48, 51, 58, 84
– Zeitfluss   46, 80, 91
– Zeitgeber   78
– Zeitgefühl   48, 94
– Zeitmessung   9, 50, 82, 87
– Zeitmetrik   56
– Zeitpfeil   44 f., 83
– Zeitrichtung   26, 43 – 45, 47
– Zeitwahrnehmung   48, 55, 78, 82, 86, 91 f.
Zeit-Theorie, aristotelische   2, 4, 10, 17, 20, 25 – 27, 29, 31 f., 36, 38 f.
– Bewegung   1, 7 – 19, 22 – 27, 30 f., 37 – 39, 45, 52, 55 – 57, 59, 78 – 80, 85, 90, 92, 95
– Bewegungsintervalle   23, 25, 46
– dynamische Zeit   27
– Kontinuum   10 f., 13 – 16, 21, 28, 30
– lineare Zeit   29
– Logik   2, 20, 32, 34 – 36, 47, 67, 72, 97 – 99
– statische Zeit   27
– Vorher-Nachher-Modell (VN-Modell)   16
– Zahl   2, 8 f., 11, 13 f., 26 – 30, 38, 45, 93
– Zeitintervalle   11, 15 f., 24 f., 28 – 30, 32, 38 – 40, 95
Zeit-Theorie, moderne   1 – 3, 10 – 12, 14, 16, 20, 29 f., 32, 38 – 40, 43, 54, 97, 99
– Eternalismus   43 f.
– Possibilismus   12, 19, 43 f.
– Präsentismus   43 f.

www.ingramcontent.com/pod-product-compliance
Lightning Source LLC
Chambersburg PA
CBHW070809230426
43665CB00017B/2542